人生の王道

西郷南洲の教えに学ぶ

稲盛和夫
Kazuo Inamori

日経BP社

人生の王道　西郷南洲の教えに学ぶ

人生の王道◆目次

第三章

利他　61

第九章

信念 ―181

第十章

立志 ―207

本書は、平成一七年（二〇〇五年）一〇月から一二月にかけて、日経ビジネス誌に一三回にわたり連載されたものを全面的に改稿したものです。

また、本書に掲載した『南洲翁遺訓』の本文と訳は、財団法人西郷南洲顕彰会（鹿児島市）が平成一三年に刊行した冊子『南洲翁没百二十五年記念版西郷南洲翁遺訓』（編集・山田尚二）を底本として、一部修正したものです。

上質な日本人、上質な日本であるために

かつて日本の社会のいたるところに、上質な人間がいました。

たとえ経済的に豊かではなくても高邁《こうまい》に振る舞い、上に媚《こ》びず下には謙虚《けんきょ》に接し、自己主張することもなく、他に善《よ》かれかしと思いやる――そんな美徳を持った日本人がたくさんいました。

また、そのような人々によって構成されていた集団も、自ずから高い品格《ひんかく》を備えていま

した。

たとえば、ものづくりの現場には、自分がつくった製品でお客様に喜んでいただけることを誇りに思い、品質管理を強制されずとも、自分が手がけた製品の品質や出来映《できば》えに、万全の注意と細心の心配りを払い、手の切れるような上質の製品をつくる人々が存在しました。

それは、商品を売る店頭でも同様でした。駆け出しの店員であろうと、一生懸命にお客様の身になって尽くしました。その上質のサービスも決して上司にいわれたからではなく、またマニュアルに書いてあるからでもなく、もちろん売らんがためでもなく、思いやりに満ちた優しい心から自然に発露《はつろ》してくるものでした。

日本の企業が、そのような上質の人間に支えられていたからこそ、今日の日本経済の発展があるのだと思います。

ところが近年、世の中を見渡せば、以前にはとても考えられなかったような、ひどい出来事が続いています。たとえば、それは食品偽装事件やリコール隠し、また粉飾決算やインサイダー取引に見られる、企業の社会的意義が根本から問われるような、不祥事の数々です。

官庁でも同様です。談合から裏金づくりまで、公僕《こうぼく》として民に貢献すべき人たちの情けない事実が次々と露《あら》わになっています。家庭でも、「親殺し」、あるいは「子殺し」といった、人間としての尊厳を真っ向から否定するような、悲惨な事件が続いています。

新聞を繰《く》るたび、そのような報道に接し、「一体、この国はどうなっていくのだろうか」と暗然《あんぜん》とした思いにとらわれるのは、私だけではないはずです。

私は、そうした社会の現象もすべて、日本人の質的低下がもたらしたものだと考えています。

戦後六〇年、日本人は廃墟の中から敢然《かんぜん》と立ち上がり、奇跡的な経済発展を成し遂げました。その結果、確かに物質的には豊かさを得ましたが、逆に精神的な豊かさを急速に失いつつあるのではないでしょうか。

この進み行く心の荒廃こそが、日本人をして、その質が劣化してしまったように見せるのです。また、現代の日本社会に混迷と混乱をもたらしている真因なのです。

古今東西の歴史をひもとけば、国家は隆盛と没落を繰り返しています。国民が真摯《しんし》に努力を重ねることで、国家が成長発展を遂げると、やがて国民が慢心し驕《おご》り高ぶるようになり、国家が没落するということを繰り返しているのです。国家の盛衰は、国民の心の様相と一致しています。

今こそ、日本人一人ひとりが、精神的豊かさ、つまり美しく上質な心をいかにして取り戻すかを考えなければなりません。年齢を問わず、すべての日本人が改めてその品格、品性を高めることができれば、日本は世界に誇る上質な国民が住む国として、再び胸を張れるようになるはずです。私は、それこそが、真の日本再生であると考えています。

そのようなことを思うとき、かつて、とびきり美しく温かい心をもった、ひとりの上質な日本人がいたことを思い起こすのです。

それは、西郷隆盛《さいごうたかもり》です。

西郷の生き方、考え方こそが、日本人が本来持っていた「美しさ」「上質さ」を想起させるのです。私が「尊敬する人物、理想とする人物は?」と問われたときも、すぐに頭に思い浮かぶのは、西郷です。

近代国家をつくるために、激動の幕末、たくさんの人間が志《こころざし》を抱き情熱を燃やし、多くの血を流しました。しかし、そのようにして、せっかくつくり上げた新政府は、いつのまにか西郷の期待にまったく反するものになりました。

かつての同志は、維新の功労者として政府の要職に就いたことで、驕り高ぶるようになり、わが身の栄達《えいだつ》と保身を優先させるようになってしまいました。彼らが栄耀栄華《えいようえいが》を極めるために、明治維新を断行したわけではない。遣韓《けんかん》使節論での対立を機に、参議《さんぎ》筆頭という重職にあった西郷はさっさと官を辞し、鹿児島に帰って、私学校《しがっこう》で青少年の教育に情熱を注《そそ》ぎます。

私学校の生徒たちは、西郷について勉強を重ねていきます。彼らが世界の情勢、日本の実情というものを学べば学ぶほど、

「偉大な西郷先生の意見を採用しなかった新政府はけしからん」

と反政府の旗幟《きし》を鮮明にし、やがてその私学校の生徒を中心に不平士族が決起します。鹿児島の兵器廠《しょう》を襲って鉄砲や弾薬を奪い、熊本の鎮台《ちんだい》を攻め、北上していきました。

決起のとき、西郷は大隅《おおすみ》半島の山奥に犬を連れて猪《いのしし》狩りに行っていました。生徒らが決起したことを聞くと、

「しまった、大変なことをしでかした」と嘆きます。しかし、もう止めようがないと知るや、若者たちの情にほだされ、「皆がそうするなら、仕方がない。自分の身も差し上げよう」と、負け戦を承知のうえで生徒らと行動をともにします。

そして、一八七七（明治一〇）年九月二四日、七カ月に及ぶ戦闘の末、西郷は鹿児島の

城山《しろやま》で戦死します。

享年四九歳（満）でした。

新政府に刃向かった西郷は、いったん明治政府から賊軍《ぞくぐん》の将として扱われました。しかし、江戸城無血開城、廃藩置県断行など、明治維新で西郷の果たした役割はとてつもなく大きいものでした。その圧倒的な存在感は、死後ますます高まっていきます。そして、ついに一八八九（明治二二）年の大日本帝国憲法発布に伴う大赦《たいしゃ》によって、西郷は名誉回復を果たします。

西郷が残した言葉は、庄内《しょうない》藩の有志の手によって『南洲翁《なんしゅうおう》遺訓《いくん》』にまとめられ、その大赦の翌年に出版されました。

戊辰《ぼしん》戦争で幕府側についた庄内藩の人間がなぜ西郷の遺訓なのか、といぶかしく思われる方も多いことでしょう。この庄内藩の人たちによる「遺訓集」刊行の経緯にこそ、西郷の人柄が表れています。

庄内藩は、新政府軍と戦って全面降伏しました。勝利した官軍によって武装解除されるのが普通です。ところが、西郷は逆に官軍から刀を召し上げ、庄内藩に丸腰で入っていかせたのです。荒くれ武士の乱暴狼藉《らんぼうろうぜき》を未然に防ぐための措置でしたが、敗者への配慮、敬意でもありました。勝った側から刀を取り上げ、負けた方に帯刀を許したのですから、庄内藩の人々は驚きました。

その後、西郷が下野《げや》して郷里に戻ると、西郷の度量の大きさ、人柄の素晴らしさを慕った庄内藩の若い武士たちが、鹿児島まで教えを請《こ》いにやってきます。なかには庄内藩主酒井忠篤《ただずみ》公の姿もありました。また、庄内藩士のなかには、制止を振り切り、西郷にしたがって西南の役に従軍、戦死した人たちもいました。

そうした西郷の薫陶《くんとう》を受けた庄内藩の人たちが、学び取った西郷の教えを編纂《へんさん》し、後世に残してくれたのが、『南洲翁遺訓』なのです。

人間が正しく生きていこうとするうえでの普遍的な哲学

今、なぜ西郷の思想を問うのでしょう。

明治政府における西郷の偉業の一つに廃藩置県の断行があります。戊辰の役で徳川幕府を倒し、王政復古、版籍奉還によって、日本は天皇を中心とする立憲君主国家への道を踏み出しました。ただし、軍事や徴税《ちょうぜい》を握る藩の力は依然として強く、幕藩の封建体制から脱しきることができずにいたのです。

また、薩長が中心となってできた明治新政府には、諸藩から根強い反感がありました。特権と職を失ったかつての武士たちのあいだには不穏な動きもありました。下手に動けば、再び内戦に突入し、欧米列強の介入を招くことになるかもしれなかったのです。

ある日、木戸孝允《たかよし》の家に大久保利通や山県有朋《やまがたありとも》らが集まりますが、議論は膠着《こうちゃく》して前に進みません。黙って聞いていた西郷が、ついに口を開きます。

「議論は尽くした。反対はあろうが、この改革を断行しなければ日本に未来はない。後に問題が生じたら、自分がすべてを引き受ける」

西郷の決意と覚悟の迫力に、その場にいた誰もが圧倒されます。旧来の枠組みを排する、廃藩置県の勅令が発布されたのは、その数日後のことでした。

西郷自身、武士の出身です。かつての薩摩藩主、島津斉彬《なりあきら》には大変な恩義がありました。さらに、武士としての誇りを最も尊ぶ人であった西郷が、その手で武士のよりどころであった藩という組織、また禄《ろく》を食《は》むという仕組みを壊し、かつての主君や仲間の生活を一変させたのです。胸中はいかばかりであったでしょう、おそらく逡巡《しゅんじゅん》や躊躇《ちゅうちょ》もあったことでしょう。

それでも、西郷を突き動かしたのは何だったのでしょうか。

それは、日本という国を正しい方向に導かねばならないという「大義」であり、その「大義」に基づく「信念」でした。その信念が、西郷に「勇気」を与えたのです。

『南洲翁遺訓』には、そのような西郷が残した、素晴らしい教えがまとめられています。

私が本書で取り上げる西郷の生き方や考え方は、幕末や明治初期にだけ通じる、かび臭い教訓ではなく、現代の荒廃した時勢のなかにおいてこそ、むしろその輝きが増すように思います。

とてつもない器量の大きさ、身を処《しょ》する潔癖さ、何にも増してその徹底した無私の心といった、西郷の人間としての魅力は、時代を超え、私たちに人間としてのあるべき姿を、今も鮮やかに指し示してくれます。

私はこれまで、『南洲翁遺訓』を座右に置き、幾度も読み返してきました。そのつど、生きていくうえでの貴重な示唆《しさ》を得てきました。経験を重ね、人生で年輪を重ねるほどに、本書から得られる教訓は、ますます私の心に深く刻まれていきました。

それは、西郷の遺訓が、人生の苦しみや悩みに直面し、それに逃げることなく対処していくなかで生み出され育《はぐく》まれた、まさに人間が正しく生きていこうとするうえでの普遍的な真理であるからでしょう。

我々日本人は今こそ、そのような西郷の生き方、哲学、行動をしっかりと記憶に留め、新しい時代を切り開いていくべきではないでしょうか。

幕末の風雲児、坂本龍馬《りょうま》が西郷と初めて会ったとき、その印象を勝海舟《かつかいしゅう》にこう話したといいます。

「西郷というやつは、分からぬやつでした。釣り鐘に例えると、小さく叩《たた》けば小さく響き、大きく叩けば大きく響く。もし馬鹿なら大きな馬鹿で、利口なら大きな利口だろうと思います」

私は、この『南洲翁遺訓』もまさにそうであると考えています。

本書をひもとかれ、西郷の珠玉《しゅぎょく》の言葉に大きく触発され、素晴らしい「人生の王道」を歩まれる読者の方が、一人でも多くいらっしゃることを、著者として祈ってやみません。

第一章

無私

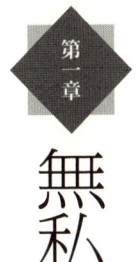

人の上に立つリーダーは私利私欲を捨てて正道を歩め

私が西郷の遺訓と出合ったのは、京セラを創業して十数年ほど経ったときのことです。会社は急成長していました。株式を上場することもできました。しかし、内心、不安でたまりませんでした。重大な経営判断を誤れば、いつ何時、倒産の危機に瀕《ひん》するか分かりません。倒産すれば、従業員やその家族を路頭に迷わせてしまいます。また、上場後は株主への責任が新たに生じます。そのような会社をとりまく人たちに迷惑をかけることは絶対にあってはならないと、私は無我夢中で仕事をしていました。

そんなある日、年配の紳士が訪ねてこられました。聞けば、山形県の地方銀行の頭取をなさった方で、顧問に退《しりぞ》いてから西郷の教えを伝承する「荘内南洲会」を運営しているといわれます。その方がわざわざ『南洲翁遺訓』を私に届けてくださったのです。

会社経営で苦労し、悩みも多かったときです。子どもの頃から敬愛する西郷の遺訓に吸い込まれるようにして、その一条を読み始めました。

【遺訓一条】

廟堂《びょうどう》に立ちて大政《たいせい》を為《な》すは天道《てんどう》を行うものなれば、些《ち》とも私《わたくし》を挟《はさ》みては済まぬもの也。いかにも心を公平に操《と》り、正道を踏み、広く賢人を選挙し、能《よ》くその職に任《た》ゆる人を挙げて政柄《せいへい》を執らしむるは、即ち天意也。それゆえ真に賢人と認むる以上は、直ちに我が職を譲《ゆず》る程ならでは叶《かな》わぬものぞ。故に何程国家に勲労《くんろう》ある共、その職に任《た》えぬ人を官職を以て賞するは善からぬことの第一也。官はその人を選びてこれを授《さず》け、功ある者には俸禄《ほうろく》を以て賞し、これを愛し置くものぞと申さるるに付き、然らば『尚書《しょうしょ》』（書経）仲虺《ちゅうき》之誥《こう》に「徳懋《さか》んなるは官を懋んにし、功懋んなるは賞を懋んにする」とこれあり、徳と官と相配《あいはい》し、功と賞と相対するはこの義にて候いしやと請問《せいもん》せしに、翁欣然《きんぜん》として、その通りぞと申されき。

（訳）

政府にあって国の政《まつりごと》をするということは、天地自然の道を行うことであるから、たとえわずかであっても私心を差し挟んではならない。だからどんなことがあっても心を公平に堅く持ち、正しい道を踏み、広く賢明な人を選んで、その職務に忠実にたえることのできる人に政権を執らせることこそ天意、すなわち神の心にかなうものである。だから、ほんとうに賢明で適任だと認める人がいたら、すぐにでも自分の職を譲るくらいでなければいけない。従って、どんなに国に功績があっても、その職務に不適任な人を官職を与えてほめるのは善くないことの第一である。官職というものはその人をよく選んで授けるべきで、功績のある人には俸給を与えて賞し、これを愛しおくのがよい、と翁が申されるので、それでは尚書（中国で最も古い経典、書経）仲虺《ちゅうき》（殷の湯王の賢相）の誥《こう》（官吏の任命する辞令書）の中に「徳の高いものには官位を上げ、功績の多いものには褒賞を厚くする」というのがありますが、徳と官職とを適切に配合し、功績と褒賞がうまく対応するというのはこの意味でしょうかとたずねたところ、翁はたいへん喜ばれて、まったくその通りだと答えられた。

『南洲翁遺訓』の冒頭を飾る一条は、組織の長をつとめる者にとって、まさに羅針盤《らしんばん》となるべきものです。

西郷は政治を例に挙げて言及していますが、これは大企業の経営者であれ、中小企業の経営者であれ、さらにはどんな小さな組織のリーダーであれ、トップに立つ者はこういう心構えでなければならないということを示しています。

リーダーたる者、いささかの私心もはさんではならないと、徹底的に利己を否定する西郷に、私は身震《みぶる》いさえ覚えました。なぜなら、私も当時は、完全には割り切ることができていなかったからです。

先ほども述べたように、京セラは上場を果たし、順調に成長発展を重ねていました。しかし、経営者である私は、創業時と何ら変わることなく、必死に仕事に励み、個人の時間など一切ありませんでした。昼夜分かたず、まさに四六時中、働きずくめであった私は、当時、次のように考え始めていました。

組織とは、本来無生物だが、経営者の意志や意識が吹き込まれることによって、あたかも生物のように、ダイナミックに活動をし始める――そのように組織に命を吹き込むことこそが、トップである社長のつとめなのではないだろうか。ならば、社長である自分が京セラのことを考えている間は、京セラという組織は生きているはずだが、個人に戻り、私のことを考えているときには、組織も機能しなくなってしまうのではないだろうか。

そうであるなら、経営者たる者、四六時中会社のことを考えていなければならないことになり、個人というものは一切あり得なくなってしまう。それが、私の人生なのか。ちょうど三十歳代後半を迎えていた私は、思い悩み、自問自答を繰り返していたのです。

個人としての時間も充実していなければ、せっかくこの世に生を受けたにもかかわらず、満足できる人生とはいえないのではないだろうか。しかし、多くの社員の人生を預かる、社長という立場を考えれば、できるだけ私人としての自分をなくし、社長という公人としての意識が働く時間を多く取るようにしなければならない。

つまり、深く考えた末に、自分自身のことは犠牲にしてでも会社のことに集中する、それがトップたる者の務めなのだと思い始めた、ちょうどその頃に、先ほどの『南洲翁遺訓』の一節に出会ったわけです。

「やはり、そうなんだ！」と、私はまるで西郷に背中を押してもらったかのように感じました。

トップに立つ人間には、いささかの私心も許されないのです。基本的に個人という立場はあり得ないのです。トップの「私心」が露《あら》わになったとき、組織はダメになってしまうのです。

常に会社に思いを馳《は》せることができるような人、いわば自己犠牲を厭《いと》わないでできるような人でなければ、トップになってはならないということを、西郷の教えにより、私は確信するようになりましたし、その後は一切迷うことなく、自分の人生のすべてを経営にかけることができました。

また、私はこのことに気づいてから、世襲《せしゅう》制をとらないということを、自分自身にも誓い、さらには周囲にも公言するようになりました。

世の多くの中小企業では、世襲制をとるケースが大半で、私にもそれを熱心に勧める方がありました。しかし、私は西郷が説くように、心を公平にとり、正しい道を進むために、「絶対に、自分の血縁者に後を継がすことはするまい」、また「血のつながった親族でさえ、極力経営陣に入れないようにしよう」と、固く心に誓ったことを思い起こします。

そのように「無私」の姿勢を貫き通すことは、一見非情だと思われるかもしれませんが、多くの人の上に立ち、集団を統率していくためには、何としても身に付けなくてはならない、リーダーの条件であろうと考え、それを自分に課してきたのです。

成功し、驕《おご》り高ぶる昨今の経営者

昨今の若い経営者は、ベンチャービジネスを起こし、才覚を発揮して成功を収め、上場を果たそうものなら、すぐに自分が持っている株式を市場に売り出し、巨万の富を得ようとします。

たとえば、運よく上場を果たし、まだ三十歳そこそこなのに、何百億円という大金を手にする。ところが、そんな大成功を収めたはずの人が、いつのまにか没落してしまう。私たちは近年、そのようなケースをたくさん見てきました。それは、成功することで、私心をはびこらせ、没落の引き金を引いてしまうからです。

一九七一年、京セラ上場にあたって、私はこのように考えました。

創業以来、京セラが順調に発展を重ねていくと、いくつかの証券会社の方が私どもを訪問され、上場を勧めてくださいました。その説明を聞いていると、上場にあたっては二つの方法があるといいます。

一つは、創業者が所有している株式を市場で売り出す方法、もう一つは新たに株式を発行し、それを市場に売り出す方法です。前者であれば上場のプレミアムは創業者個人に入り、後者は会社に入ります。

ある証券会社の人は、創業の苦労に報いるためとして、前者を強く勧めてくれました。しかし、それは私の考えに合いませんでした。私はそのような証券会社とは取引をしないことにするとともに、後者の新株発行を選択して、自分の株はたった一株も市場に出すことはせず、上場で得た資金がすべて会社に入るようにしました。

このことによって、京セラは資本金を充実させ、より安定した経営基盤を確立するとともに、その資金をもとに、新たな投資を行い、事業を大きく発展させることができました。

一方、昨今の経営者の多くは、上場を果たすと、すぐに自分の株を売却して、多額のキャピタルゲインを得ることが、当たり前のようになっています。その結果、経営者は豊かになるものの、企業は財務的に強くなることもなく、また新たな事業に投資する資金を確保することもできず、上場という第二の成長期を逃してしまうのです。

それは、経営の世界だけのことではありません。たとえば、国民のためにならんと、難関の国家試験に合格したはずの官僚が、出世するにつれ、自分の属する省庁の利益、さらには自己の保身を最優先するようになってしまうことがあります。また、清廉潔白《せいれんけっぱく》を売り物としていた政治家が、当選を重ねるうちに、いつのまにか自分の権勢を大事にするように変質を遂げてしまうこともあります。さらには、研鑽《けんさん》に励んでいたはずの学者が、研究が成功することで自らを過信し、鼻持ちならない人物になってしまうこともあります。

成功すればするほど、偉くなればなるほど、謙虚に振る舞うようにならなければなりません。さらには、自らが率先して自己犠牲を払うべきなのです。自分が最も損な役を引き受けるという勇気がなければ、上に立ってはならないのです。自己犠牲を払う勇気のない人が上に立てば、その下に位置する人たちは不幸になってしまいます。

残念ながら、今の日本を見渡したとき、このような「無私」の思想を持っているリーダーはそう多くはありません。このことが、現在の日本社会の混迷の大きな要因となっているのではないでしょうか。

今こそ、立派な人格、立派な人間性を持った人、つまり自分というものを捨ててでも、世のため人のために尽くせるような「無私」のリーダーが求められているのです。

このことは、時代や組織の規模を超えた普遍の真理です。西郷が生きた維新の時代も私たちが生きる現代も、たとえＮＰＯのような小さな組織であったとしても、リーダーたる者の条件は何一つ変わっていません。リーダーの条件の第一は、やはり「無私」ということなのです。

西郷は、この「無私」という思想を一貫して主張し続けました。私心を排することが、リーダーにとって最も必要な条件だということを、西郷は「遺訓集」の全編にわたって述べていますし、西郷の思想はすべて、この「無私」という考え方に帰結するといっても過言ではありません。

人材登用の鍵は人間の成長を信じること

西郷はまた、この一条で、「何程国家に勲労《くんろう》ある共、その職に任《た》えぬ人を官職を以て賞するは善からぬことの第一也。官はその人を選びてこれを授け、功ある者には俸禄を以て賞し、之を愛し置くものぞ」とも説いています。

明治維新は、長州藩や薩摩《さつま》藩などが中心になって成し遂げた革命でした。新政府は、維新の功労者を当然のように要職に就《つ》けます。特に、薩摩には「芋《いも》づる」と揶揄《やゆ》される風土があり、誰かが偉くなると、その兄弟、親戚縁者がずるずると要職に就く習慣がありました。それを新政府にそのまま持ち込んだのです。

そうした人事がまかり通ったため、明らかに職責を全《まっと》うできそうもない人が要職に就いていることもありました。そんな私心にまみれた人事をやっていたら、この国を良くすることなどできないではないか。維新で血を流した人たちに申し訳が立たない。功ある者には禄を、徳ある者には官職をというのは、維新の先頭に立って戦った、西郷の痛切な嘆きだったようです。

これは人の処遇にあたってのまさに要諦《ようてい》であり、企業経営にとっても、よくあてはまることです。

中小零細企業のときには、その企業規模に見合ったような人材しか集まってきません。しかし、会社が大きくなれば、経営者にも欲が出てきて、もっと優秀な人がほしいと思い始めます。そのようなとき、二つのケースに分かれることになります。

一つは、自分と一緒に会社をつくり、苦楽を共にしてきた、いわゆる番頭さんのような存在の人を大切にするケースです。

会社が大きくなるに従い、そういう人たちを、専務や副社長に引き上げていくのですが、売上一億円程度の小さな規模の会社ならいざしらず、売上が百億円、一千億円という規模になってくると、高度な経営能力が要求されます。にもかかわらず、自分と一緒に苦楽を共にしてきた、創業時からの功労者を重役に遇し、経営を任せていくような例があります。

確かに過去に功績はありました、共に苦労し、こんにちの会社をつくるのに大いに貢献してくれました。しかし、すでに売上が一千億円もの規模に達した大企業を守っていくには、その能力がいささか乏しいのではないかと思われるような人を重職に就ける。そのために、会社が傾くということがあります。

もう一つは、会社が大きくなるにつれて、優秀な人材を新たに外部に求めていくケースです。

会社が発展するにつれ、部下に能力のないことがだんだん目についてきて、自分と一緒に苦労してくれたけれども、こういう人たちでは、会社をこれ以上立派にしていくことはできないと、次から次へと新しい人を外部から迎え入れるのです。

たとえば、米国でＭＢＡ（経営学修士号）を取得し、高度な経営技術を身につけた人を採用し、要職に就け、会社の発展を図るというような場合です。

しかし、そのような会社では往々にして、創業以来、苦楽を共にしてきた番頭たちが、

「自分たちが汗水たらして、ここまで会社を大きくしたのに」と忸怩《じくじ》たる思いを抱きながら、寂《さび》しく会社を去っていくようなことが起こります。そして、苦労に苦労を重ねてきた番頭たちに代わり、会社発展後に入社した、才能に恵まれ、弁舌が立つ才人たちが跋扈《ばっこ》するような会社に変質してしまうのです。

そのような会社では、会社の精神的な支えであった番頭たちが去ることで、次第に組織風土が変質を遂げ、やがて業績も下降してしまうことになります。

私は、「会社が大きくなるにつれ、創業のときから苦労してくれた人たちが、だんだんと間尺《ましゃく》に合わなくなってきました。優秀な人を外部から採用していこうと思うのですが、それでいいでしょうか」という相談を受けたときには、「優秀な人を採用していくことは必要ですが、苦楽を共にしてきた人たちも大事にしてください」と、いつも答えるようにしています。

これは、きれいごとではありません。

中小零細企業では、一流大学出身の優秀な人を採用したいと思ったところで、そういう人は誰も来てくれません。京セラがまだ中小企業であったときに、職を求めて訪ねてくるのは、いかにも頼りなさそうな人材ばかりでした。

「蟹《かに》は甲羅《こうら》に似せて穴を掘る」というように、経営者である社長自身が頼りないのですから、頼りない人しか入社してこないのは当然のことでした。しかし、経営者は先行きが不安なものですから、自分のことは棚に上げ、今のままではダメだ、会社を立派にしていくためには、もっと優秀な人材が不可欠だと、すぐに考えてしまうものなのです。

そうではありません。社内を見渡せば、吹けば飛ぶような会社でしかなかったときに入社してくれ、経営者と苦楽を共にし、今もなお経営者についていこうとする、古株の人たちがたくさんいるはずです。そのような人たちを大事にしていかなければならないのです。

中小零細企業であったときに来てくれた人ですから、学問もないし、訥々《とつとつ》とした語り口で、風采《ふうさい》も上がらないかもしれません。しかし、小さな会社のときから、二十年三十年にわたって、不平不満ももらさず、営々と努力を重ねてきた人ならば、きっと素晴らしい人間に成長しているはずです。そんな人間的に成長した人を大切にしていかなければならないのです。

私は、組織をつくるのは、城を築くようなものだと考えています。

素晴らしい城をつくろうとすれば、まず、しっかりした石垣を組まなければなりません。しかし、巨石つまり優秀な人材だけでは石垣は組めません。巨石と巨石のあいだを埋める小さな石が必要になるのです。要所要所に巨石の間隙《かんげき》を埋めるような小さな石がなければ、石垣は脆《もろ》く、衝撃があればすぐに崩れてしまいます。

つまり、巨石として優秀で功を立ててくれるような人材を外部も含め登用する一方、古くから会社のために献身的に努力してくれた人材には、巨石と巨石のあいだを埋める貴重な石として働いてもらうべきなのです。小さいけれどイブシ銀の働きをする小さな石を捨て去ってはいけません。縁の下の力持ちのような古い人たちが残ってくれてはじめて会社は強くなるのです。

西郷は、真理に通じるとともに、人間の機微《きび》にも通じていたからこそ、このような人事の要諦《ようてい》に気づくことができたに違いありません。

第二章

試練

辛酸、苦難を乗り越え、志を立てる

人生は波瀾万丈《はらんばんじょう》です。人間は、幾多の試練に直面します。ときに壮絶なまでの辛苦《しんく》をどう受け止めるかによって、その先の人生が変わってきます。災難に遭《あ》って、打ちひしがれるままに諦めてしまえば、せっかく与えられた人生をただ暗く歩むことになります。逆に、艱難辛苦《かんなんしんく》に前向きに立ち向かい、災難を克服することができれば、人間的に高まり、人生も大きく開かれていきます。

西郷が遺《のこ》した有名な詩を紹介しましょう。

【遺訓五条】

或る時「幾歴辛酸志始堅　丈夫玉砕愧甎全　一家遺事人知否　不為児孫買美田」との七絶を示されて、若《も》しこの言に違《たが》いなば、西郷は言行反したるとて見限られよと申されける。

（訳）

ある時「**幾たびか辛酸《しんさん》を歴《へ》て志始めて堅し。丈夫玉 砕《ぎょくさい》して甎全《せんぜん》を恥《は》ず。一家の遺事《いじ》人知るや否《いな》や。児孫《じそん》の為に美田《びでん》を買わず**」（人の志というものは幾度も幾度も辛いことや苦しい目に遭《あ》って後初めて固く定まるものである。真の男子たる者は玉となって砕けることを本懐《ほんかい》とし、志を曲げて瓦《かわら》となっていたずらに生き長らえることを恥とする。それについて自分がわが家に残しおくべき訓《おしえ》としていることがあるが、世間の人はそれを知っているであろうか。それは子孫のために良い田を買わない、すなわち財産をのこさないということだ）という七言絶句の漢詩を示されて、もしこの言葉に違うようなことがあったら、西郷はいうことと実行することが反しているといって見限りたまえといわれた。

辛酸をなめるような苦難を耐え、努力に努力を重ねて乗り越えたとき、初めて人の志は定まる、西郷自身の壮絶な実体験がいわしめた言葉です。

西郷が三〇歳になった頃のことです。大老・井伊直弼《なおすけ》による「安政の大獄」（一八五八～一八五九年）によって、尊皇攘夷《そんのうじょうい》派への弾圧が一気に厳しさを増しました。京都・東山にある清水寺成就院《じょうじゅいん》の住職だった月照《げっしょう》という和尚《おしょう》にも、幕府方の追っ手が迫ります。西郷にとって月照は、維新という理想をめざす同志、親友、また師でもありました。西郷は月照和尚を助けようと薩摩に連れ帰り、藩主の実父として薩摩藩政を仕切っていた島津久光に保護を願い出るのです。

ところが、幕府との余計な摩擦を恐れた久光はこれに応じず、薩摩藩からの追放、日向《ひゅうが》（今の宮崎県）送りを命じました。当時、日向送りは「長送り」ともいわれ、暗に薩摩と日向の藩境を越えたところで切って捨てるということを意味したのです。西郷には、そのことが分かっていました。

闇にまぎれて日向に向かう船上、同志を見捨ててひとりで死なせることを潔しとせず、自らも命を絶つことを西郷は決意します。そして、酒を酌《く》み交わし、手を取り合って錦江湾《きんこうわん》に身を投げました。

月照は溺死《できし》しましたが、西郷は発見され、助け上げられます。大量の水を飲み、意識不明に陥りながら、奇跡的に一命を取り留めたのです。

志《こころざし》を同じくする者とともに死を覚悟したのに、自分ひとりが生き残ってしまった。武士にとって、それは死よりも辛く、耐え難い恥辱《ちじょく》でした。西郷の家ではしばらくの間、西郷の目の届く所から一切の刃物を隠したといわれています。

仏教の行「六波羅蜜《ろくはらみつ》」に「忍辱《にんにく》」という教えがあります。辱《はずかし》めを受けて、それに耐えることは人にとって最も難しいことであるが、それでもなお耐え忍んだとき、人は悟りに近づくことができるというものです。

西郷は辱めを忍び、生きる道を選びました。

その後、西郷は久光の逆鱗《げきりん》に触れ、沖永良部島《おきのえらぶ》へ遠島《えんとう》され、過酷な虜囚《りょしゅう》生活を送りました。壁もなく、四方に格子が入っただけの狭く粗末な牢に収容されたのです。容赦なく太陽が照りつけ、風雨が吹き込み、ときには波しぶきさえ降りかかるような中で、一日二回のおかゆだけしか与えられず、西郷はみるみる間にやせ細っていきました。しかし、過酷な環境の中にあっても、西郷はひと言の恨みつらみもいうことはありませんでした。

後に座敷牢に移された後も、中国の古典を牢に持ち込む許しを得て、来る日も来る日も書物を読み、瞑想に耽《ふけ》ったといいます。一連の過酷な試練と先人の教えによって、西郷は何事にも揺らぐことのない固い信念を持つ人間に成長していったのです。何年か後、許されて薩摩に戻った西郷は、人間的に一回りも二回りも成長していました。そして西郷は維新の実現に向かって邁進《まいしん》していきます。

私は、子どもの頃に結核を患《わずら》いました。旧制中学の受験には二度失敗しました。終戦を迎える二日前、八月一三日の鹿児島大空襲で生家は焼かれてしまいました。兄や妹たちが進学を諦《あきら》めてまで応援してくれた志望大学の受験にも失敗します。コネがないことから、就職試験にも失敗します。自分の不運を嘆き、世をすねて、インテリヤクザにでもなろうかと思い詰めたことさえありました。

今振り返ると、西郷ほどではないにせよ、数々の苦難を乗り越えてきたからこそ、私の志も少しは堅固になり、今の私があると思うのです。私が生まれも育ちも良い、いわゆる「ええとこのボン」で、苦労も知らず、志望の学校に楽々と入り、立派な大企業に就職していたら、人生はまったく違ったものになっていたはずです。

子どもの頃、両親から、

「若いときの難儀《なんぎ》は買《こ》うてでもせよ」

とよく諭《さと》されました。そのたびに、

「売ってでもするな」

と反発したものです。

でも、親のいったことはやはり正しかった。逆境とは、自分自身を見つめ直し、成長させてくれるまたとないチャンスなのです。逆境をネガティブにとらえて悲嘆に暮れるのではなく、志をより堅固にしてくれる格好の機会ととらえて、敢然《かんぜん》と立ち向かうのです。試練を通してこそ、志は成就するのです。

また、西郷は児孫《じそん》のために美田《びでん》を買わず、つまり、一番かわいい自分の子どもや孫にも財産を残さないといい切っています。個人や一族の資産、財産を増やすことにうつつを抜かしているような人には、到底、公平な政《まつりごと》は行えないのだよ、と訴えています。

これは無私の最たるもので、自分の子ども、子孫にまで厳しい生き方を課したのです。私というものを完全にどこかに置いてしまっているわけです。

そのような肉親の情を超えた、非情なまでの無私の心をもって、「児孫のために美田を買わず」と心に誓う。そのようなことは、人間の自然な情に反することだけに、完遂することはたいへん難しいことです。しかし西郷は、自分は多くの辛酸をなめてきただけに、決してその誓いを破ることはないと、自らの志の堅固さをいっているわけです。

リーダーたる者、西郷のような人間の情をもってしても、いささかなりとも変節しない、堅い志を持っていなければなりません。

西郷は、まさにそのような堅固《けんご》な志をもって、その生涯を生き抜きました。

後方で作戦を練るよりも最前線で戦う

人の上に立つリーダーの心構えを、西郷は次のように話しています。

【遺訓四条】

万民《ばんみん》の上に位する者、己れを慎《つつし》み、品行を正しくし、驕奢《きょうしゃ》を戒《いまし》め、節倹《せっけん》を勉《つと》め、職事に勤労して人民の標準となり、下民《かみん》その勤労を気の毒に思う様ならでは、政令は行われ難し。然るに草創《そうそう》の始めに立ちながら、家屋を飾り、衣服を文《かざ》り、美妾《びしょう》を抱《かか》え、蓄財《ちくざい》を謀《はか》りなば、維新の功業は遂げられ間敷《まじき》也。今となりては、戊辰《ぼしん》の義戦も偏《ひと》えに私を営《いとな》みたる姿に成り行き、天下に対し戦死者に対して面目なきぞとて、頻《しき》りに涙を催《もよお》されける。

（訳）

多くの国民の上に立つ者は、いつも心を慎み、行いを正しくし、驕《おご》りや贅沢を戒め、無駄を省いてつつましくすることに努め、仕事に励んで人々の手本となり、一般国民がその仕事ぶりや生活を気の毒に思うくらいでなければ、政府の命令は行われにくい。

しかし今、維新創業のときだというのに、家を贅沢にし、衣服をきらびやかに飾り、美しい妾《めかけ》を囲い、自分の財産を蓄えることばかり考えるなら、維新の本当の成果を全《まっと》うすることはできない。今となっては戊辰の正義の戦争もただ私利私欲を肥やすだけの結果となり、国に対し、また戦死者に対して面目ないといって西郷は涙を流された。

「万民の上に位する者」とは、政治のトップに立つ人間という意味です。これを経営にあてはめて考えるなら、「社長として人の上に立ち、社員たちを治めていく者」と解釈してもいいと思います。

つまり、「社員の上に立つ社長は、いつも自分の心を慎み、身の行いを正しくし、驕《おご》りや贅沢《ぜいたく》を戒め、無駄を省き、つつましくすることに努め、仕事に励んで人々の手本となり、社員たちがその仕事ぶりや生活を気の毒に思うくらいにならなければ、その命令は行われにくいものである」と解釈すればよいのではないかと思います。

つまるところ、「上に立つ者は率先垂範《そっせんすいはん》せよ」ということを西郷はいっているわけです。経営者は後ろ姿で社員を教育するという言葉をよく聞いたりしますが、上に立つ者は、心を乱したり、卑《いや》しくなったり、怠惰《たいだ》になったりしてはいけないのです。自分の行いを正しくして、贅沢を戒め、社員の手本になる。何よりも、一生懸命に努力し、社員がその働きぶりをみて気の毒に思うようでなければ、トップの指示は徹底されず、会社の仕事もうまくいかないのだというわけです。

このくだりで、リーダーのあり方について思い出すことがあります。会社を始めて間もない頃、上に立つ者には二通りあると考えていました。

一つは、後方に陣取り、前線の戦況を眺《なが》めながら指揮を執るリーダーです。伝令を次から次に飛ばして、前線にいる将兵に指示を与えて戦いを進めていくタイプです。もう一つのタイプは、自分自身も刀を抜き、最前線で突進していくリーダーです。どちらのリーダーが部下の信頼と尊敬を得られるだろうかと、たいへん思い悩んだことがありました。

そんなとき、子どもの頃に読んだ、西郷の従弟大山巌《いわお》元帥の偉人伝にあったエピソードを思い出しました。大山は薩摩の大先輩で日露戦争で旅順《りょじゅん》攻略戦の総司令官を務めた人物です。二〇三高地のはるか後方に陣取っていた大山は、ある朝、遠方で轟《とどろ》く大砲の音を聞いて、部下の幕僚《ばくりょう》に鹿児島弁でこう聞いたそうです。「今日はどこでいっさ（戦さ）があるのかいな」。

最前線では、乃木希典《まれすけ》大将率いる部隊が突撃を繰り返し、血で血を洗う壮絶な戦いを繰り広げていました。そのときに総司令官である大山がそういったというのです。

偉人伝は、不利な戦況を前にしても動じない豪胆さ、部下を信じ任せきる人間の大きさから、大山を名将と称賛していましたが、私は子ども心に「けしからん」と思っていました。なぜ、最前線の惨状を自分の目で確かめて、作戦を立て直さなかったのか。そうすれば、無駄な死者を出さずに済んだではないか。

この話を思い出し、私は決めたのです。

「自分は最前線に出ていこう」

敵と対峙《たいじ》して撃ち合っている最前線の塹壕《ざんごう》まで行こう。塹壕の中を這《は》い、泥水をすすり、部下たちを励ましながら一緒に苦労しよう。

そのようにして、自分の後ろ姿で社員を奮《ふる》い立たせるのが、真のリーダーの姿ではないかと思ったのです。

大企業を含めて一般のリーダーは、後方に陣取り、戦略・戦術、つまり経営計画を練って経営をしていきます。しかし、私は、当時の京セラが中小零細企業であったがゆえに、自分自身が最前線に飛び出してみせることによって部下を指揮し、引っ張っていく方がいいのではないかと考えたのです。

もちろん、企業のトップである以上、戦略戦術を考えることも必要です。ですから、あるときは前線に出て兵と苦楽をともにし、あるときは後方の陣地に取って返して作戦を練る。そうやって前線と後方を行き来しながら指揮を執るのが、素晴らしいリーダーではないかと思いました。

そのように誰よりも努力し、苦労している社長の姿を見て、従業員が気の毒に思い、奮い立つくらいでなければ、会社経営をうまく進めていくのは難しいと西郷はいっているわけです。理屈ではなく、実際の現場で従業員の信頼を獲得し、リーダーシップを確立するうえで、この西郷の言葉はたいへん大事なことだと思います。

成功もまた試練。一時の成功は成功の持続を約束しない

現代では、株式公開ブームに乗って、多くのベンチャー企業が先を争うように上場をめざしています。本来株式上場の目的は、会社を財務的に豊かにし、さらに成長させていこうということであるはずなのに、創業者が持ち株を売り出して巨額の売却益を得たという話ばかりが目につきます。

何十億円もする家を建て、地下にゴルフの練習場までつくる。ヨットを買い、高級車を何台も買って乗り回す。西郷が百年以上も前に嘆いたことが、現代でも当たり前のように行われています。

「自分で稼いだカネだ。どう使おうと自由だ」

といわれればそうなのですが、そういう人たちも創業の頃は多くの人の助けを借り、汗を流し、懸命に働いていたはずです。それが大金を手にした途端、

「俺の力だけで成し遂げた」

といわんばかりの振る舞いを始めます。しかし、一時の成功は成功の持続を約束しません。

中国の古典に、「謙《けん》のみ福を受く」という言葉があります。少しばかりの成功に酔いしれ、傲慢《ごうまん》になっていく人は、最後には自分自身の欲の深みにはまって沈んでいく。謙虚さを忘れた経営者が舵を取る企業が、長く繁栄を続けた試しはありません。

試練とは苦難だけをいうのではありません。成功もまた天が人に与える試練なのです。一時の幸運と成功を得たとしても、決して驕り高ぶらず、謙虚な心を失わず、努力を続けることが大切です。

謙虚な心で人の意見に耳を傾ける

【遺訓一九条】

古《いにしえ》より君臣共に已れを足れりとする世に、治功《ちこう》の上りたるはあらず。自分を足れりとせざるより、下々《しもじも》の言も聴き入るるもの也。己れを足れりとすれば、人己れの非を言えば忽《たちま》ち怒るゆえ、賢人君子はこれを助けぬなり。

（訳）

昔から主君と臣下がともに自分は完全だと思って政治を行うような世に、うまく治まった時代はない。自分は完全な人間ではないと考えるからこそ、下々のいうことも聞き入れるものである。自分が完全だと思っているとき、人が自分の欠点をいい立てると、すぐに怒るから、賢人や君子という立派な人は、そのような驕り高ぶっている人を助けないのである。

小なりといえども従業員をもった企業のトップには、強いリーダーシップが必要となるわけですが、上に立って人をリードしていく者が自信を持ちすぎ、自分は才能があると過信し、傲慢になることを、西郷は戒めているわけです。

「己を足れりとする」、つまり自分に自信があるというところから一歩退いて、謙虚さを持つことが大事です。部下を含め、いろんな人から意見を聞き、自分の考えをまとめていく、そういう謙虚さが必要であるといっているのです。

昨今、戦後の日本経済を引っ張ってきた、名のある大企業の経営者が、晩年になって没落していかれる様を見て、私もたいへん心を痛めています。立派な経営ができればできるほど、長く経営の舵《かじ》取りを続ければ続けるほどトップに自信が出てきます。そうなるにつれ、暴走していく危険性が高くなります。ご本人にすれば、よい方向へと舵を切っているつもりなのですが、客観的にみれば、それは自信過剰に基づく暴走でしかなかったというケースが大半です。

トップの暴走が起きるのは、企業経営で苦労しているときではありません。経営が順調で発展につぐ発展をしているときに起きてしまうものです。

歴史を重ねてきた大企業の場合には、経営者になるのはサラリーマンです。サラリーマンとして入社し、年功序列で地位が上がり、その中でも特に優秀な人が重役に選ばれ、社長になっていきます。創業者のように徒手空拳《としゅくうけん》で、自分で会社をつくったのではなく、秀才型で、ほどほどの経営をやってきた人がトップになるわけです。

そんな人でもひとたび社長の座に就けば、権力が集中します。社長を一期二年に始まり、三期六年、五期一〇年、なかには一〇年を超えて、長く社長の座にとどまるサラリーマン経営者もいますが、長期政権になると必ずといっていいほど、経営者は傲岸不遜《ごうがんふそん》になり、自分勝手に暴走し始めます。

特に、「あの老舗《しにせ》企業も最近はあまりパッとしていなかったが、あの人が社長になってからは、素晴らしい展開をしている」といわれるような、いわゆる中興《ちゅうこう》の祖と呼ばれる、素晴らしい経営手腕と実績を誇っていた人が、やがて独裁者といわれるようになり、晩節を汚《けが》して追放されていったという例が幾多もあります。

優れた経営者は両極端を併《あわ》せ持つ

サラリーマン経営者でも自信過剰になり、独裁に陥《おちい》っていく人が多いわけですから、徒手空拳で会社をつくり、中小企業から身を起こしてきた創業型の経営者の場合は、なおさらです。では、「謙虚にして驕《おご》らず」という姿勢を守って、常に部下や周囲の意見を聞いて経営をしていけばそれでいいのかといえば、そう簡単ではありません。いつも部下と相談し、みんなの意見を聞き、いろんな知恵をもらって経営するのでは、問題は起きないかもしれませんが、迫力のない、力強さのない経営になってしまいます。

トップは、強引なまでに部下を引っ張っていくことも必要なのです。こうだと決めたら、岩をもうがつ強い意志力で引っ張っていくことが求められるのです。たとえどんなに小さな企業であっても、そうです。暴走しかねないくらい強いリーダーシップが企業経営には必要な局面もあるのです。

しかし、強烈なリーダーシップを持つと同時に、一方ではそれを否定するような謙虚さを兼ね備えていなければならないのです。いわば「独裁と協調」「強さと弱さ」「非情と温情」という相矛盾する両面を、トップである社長は持ち合わせていなければならないのです。

強いリーダーシップだけでは暴走してしまうし、独裁に陥ってしまいます。謙虚さだけでは、企業集団をダイナミックに引っ張っていく力強さが足りなくなります。謙虚さと強いリーダーシップの両方がいるわけです。それは、いうことは簡単ですが、実行することはたいへん難しいことです。強すぎれば社員から反発され、謙虚すぎれば社員に侮《あなど》られます。

矛盾するものをどう調和させ、実践していくのかというたいへん難しい問題を、我々は課せられているわけです。個人の人生でも企業経営でも、その矛盾をどう調和させ、どのように生かしていくことができるか、それが成功と失敗の分かれ目になります。

西郷は溢《あふ》れんばかりの「情」に生き、義を貫いて死ぬことを選びました。しかし、現実という荒波を乗り越えていくためには、「情」の要素に加えて、冷徹なほどの「理」の部分がどうしても必要になってきます。

西郷と幼なじみで維新をともに成し遂げた、大久保利通はまさに、その「理」の人でした。また、「理」詰めの人であったからこそ、混乱した状況の中にあって、新政府の中心に位置し、誕生したばかりの国家の制度や体制などを構築することが可能であったのでしょう。

人を魅了してやまない素晴らしい心根を持った西郷の「情」の側面と、合理的かつ緻密《ちみつ》に物事を詰めていく大久保利通の「理」の側面、あるときは情愛に満ち溢れた優しさ、あるときは泣いて馬謖《ばしょく》を斬る厳しさ。「理」に照らして「情」に生きるような両極端を兼ね備えることこそが、リーダーに求められる条件ではないでしょうか。

若い頃、フィッツジェラルドというアメリカの作家のコラムを読んで、感銘を受けたことがあり、それ以来、私は社内でもよく話してきました。

「相矛盾する両極端の性格を併《あわ》せ持ち、それを矛盾なく機能させられる能力を持つ人のことを最高の知性の持ち主という」

最高の知性というのは、矛盾するもの、たとえば温情と非情、利己と利他という相矛盾する両極端の考え方を持っていながら、それを局面に応じて矛盾なく正しく発揮できる人のことだというわけです。

それは、決して中庸《ちゅうよう》を意味しているのではありません。強くなければならないときには強くなれるし、弱くなければならないときには弱くなれる。自信を持って集団を率い、どんな困難が待ち受けていようとも、ひるむことなく「われに続け！」と集団を引っ張っていくような強いリーダーシップをある局面では発揮し、また別の局面では、慎重にみんなの意見を聞きながら間違いのない方向へと導いていく。このように、相矛盾する両面を正しく使い分けることのできる人こそ、本当に最高の知性を持っているのだと思います。

アメリカの作家、レイモンド・チャンドラーは『プレイバック』という小説の中で、「男は強くなければ生きてはいけない。しかし、優しくなければ生きていく資格がない」と主人公に語らせています。これも同じことです。

いくら強烈な意志を持ち、素晴らしい業績をあげようとも、従業員をはじめ周囲への思いやりのない経営者は存在意義がありません。そのような経営者が束《たば》ねる企業が長く繁栄を続けるとは思えません。やはり、社員をいたわる優しさがどうしても必要なのです。

商売でも、自分だけ儲かればいいというビジネスが、長く成功し続けることはないはずです。「売ってよし、買ってよし」、商いに携わるすべての人が喜ぶというものでなければならず、どちらか一方が儲かり、どちらか一方が損をするというような、ゼロサムゲームでは決してありません。

やはり、「相手によかれかし」と互いに努めること、それが商いの原点であり、極意なのです。

この、相手に尽くすことが自分の利益になるという、一見、二律背反にしか思えない矛盾を、およそ二千五百年前にすでに解いていたのが、お釈迦《しゃか》様でした。

仏教には「自利利他《じりりた》」という言葉があります。自分をよくしよう、自分が利益を得ようと思うのなら、他人が利益を得られるようにしなければならないということです。そうすれば、「情けは人のためならず」とよくいわれるように、相手を思い、相手にかけた情けは、やがて自分の利益となって、必ず返ってくるのです。

第三章

利他

利他は現代の処方箋《しょほうせん》

西郷は、鹿児島の下級士族の子弟で、小さい頃は「ウドの大木」の「ウド」というあだ名がついていました。体が大きく、目がぎょろっとして、無口であまりしゃべらなかったからです。どちらかというと、敏捷《びんしょう》でもないし、利発でもないので、疎《うと》んじられた存在だったようです。

その子が長じて偉業をなした。どうして西郷はそこまで成長したのか。名君の誉《ほま》れ高い島津斉彬《なりあきら》に育てられたこともさることながら、度重なる苦難を経験したことが大きかったはずです。

その原点は、二度にわたる島流しの体験で辛酸をなめたことにあります。

三〇代前半に鹿児島から南西に五〇〇キロ以上離れた沖永良部《おきのえらぶ》島に流され、先に述べたように、狭い吹きさらしの牢に昼夜閉じ込められ、凄惨《せいさん》極まりない仕打ちを受けました。

その様子を見るに見かねた見回り役、土持政照が、島の代官に頼み込んで、雨が吹き込まない座敷牢に移したのです。やせ細り、今にも死にそうだった西郷は、島の人たちの献身的な世話のおかげで何とか命を永らえました。そのお返しに、西郷は子どもたちに「四《し》書五経《しょごきょう》」などの中国の古典を教えました。

あるとき、集まった子どもたちに、

「一家が仲睦《なかむつ》まじく暮らすためにはどうすればよいか？」

と西郷が問いました。勉強熱心な子どもが、すかさず答えました。

「君に忠義、親に孝行、夫婦仲睦まじく、兄弟仲良くし、友達は互いに助け合えばよいと思います」

儒教にある「五倫五常《ごりんごじょう》」になぞらえて答えたのですから、それは立派なものです。ところが、西郷はこういいました。

「確かにそうだよ。おまえさんがいうように、五倫五常の道をもって説明するのは間違いではない。しかし、それはただの教えに過ぎない。実際にそれを行うことが、どれほど難しいことか」

そして、再び問いました。

「誰もが直ちに実行できる方法がある。それは何であるか？」

子どもたちは答えられません。

「それは、欲を離れることだ」

西郷は、そういったのです。一人ひとりが過剰な欲を捨てさえすれば、すべてがうまくいく。それなのに、現実はみんな欲の塊《かたまり》だから、家庭も世の中もうまくいかない。この西郷の見方には、なるほどと思います。

現代の世相の乱れを、個人の欲が過剰なために起こっている問題だと考えると、解決策は出てきます。各人が欲を少しずつ削って自分が損をする覚悟をすれば、また他人に自分の利を譲り与える勇気さえあれば、すべてはうまくいくはずです。しかし、それを行うのが実に難しい。西郷はそのことを知って、なおかつ、我々に「欲を離れなさい」というのです。

欲を離れること、誠を貫くこと、人に尽くすこと。それこそ、病める現代の処方箋です。これは、人間が正しく生きていくための哲学であり、真の道徳といえます。

欲望、怒り、愚痴《ぐち》の三毒を意志の力で抑える

もちろん利を求める心は、事業や人間活動にとって必要です。ただし、その欲が過ぎてはいけないのです。

自分が儲けたいというギラギラした欲望や煩悩《ぼんのう》だけで経営しても、強烈な願望があれば、事業は伸びていきます。ただ、長い目で見ると、決してうまくいかない。欲望に任せたまま、つまり利己が過剰であっては、いつか必ず破綻《はたん》を迎えることになります。

会社を経営するという行為をとってみても、一人でも二人でも従業員を雇用しているならば、すでにそれだけで世のため人のためという「利他行」を含んでいるものです。しかし、さらに努めて善きことを心に思い描き、善きことを実行すれば、人生はもっといい方向に変わるのです。

人間はもともと、世のため人のために何かをしたいという善なる思いを持っています。そのような家族のために働く、友人を助ける、親孝行するといった、つつましく、ささやか

な個々の利他行が、やがて社会のため、国のため、世界のためといった大きな規模の利他へと地続きになっていくのです。

この自己の欲望を抑え、他を利するという考え方は、西郷南洲の「敬天愛人《けいてんあいじん》」という教えの核心です。

【遺訓二一条】

道は天地自然の道なるゆえ、講学の道は敬天愛人を目的とし、身を修するに克己《こっき》を以て終始せよ。己れに克つの極功は「毋意《いなし》 毋必《ひつなし》 毋固《こなし》 毋我《がなし》」（『論語』）と云えり。総じて人は己れに克つを以て成り、自ら愛するを以て敗るるぞ。能《よ》く古今の人物を見よ。事業を創起する人其の事大抵十に七八迄は能《よ》く成し得れ共、残り二つを終わり迄成し得る人の希《ま》れなるは、始めは能く己れを慎み事をも敬する故、功も立ち名も顕《あらわ》るるなり。功立ち名顕るるに随《したが》い、いつしか自ら愛する心起こり、恐懼戒慎《きょうくかいしん》の意弛《ゆる》み、驕矜《きょうきょう》の気漸《ようや》く長じ、その成し得たる事業を負《たの》み、苟《いやしく》も我が事を仕遂げんとてまずき仕事に陥《おち》いり、終《つい》に敗るるものにて、皆自ら招く也。故に己れに克ちて、睹《み》ず聞かざる所に戒慎《かいしん》するものせ。

(訳)

道というものは、この天地のおのずからなる道理であるから、学問を究めるには敬天愛人(天は神と解してもいいが、道理と理解すべき。すなわち、道理を慎み守るのが敬天である。また人は皆自分の同胞であり、仁の心をもって衆を愛するのが愛人である)を目的とし、自分の修養には己れに克《か》つということをいつも心がけねばならない。己れに克つということの真の目標は論語にある「**意《い》なし、必《ひつ》なし、固《こ》なし、我《が》なし**」(当て推量をしない。無理押しをしない。固執しない。我を通さない)ということだ。すべて人間は己れに克つことによって成功し、己れを愛することによって失敗するものだ。歴史上の人物をみるがよい。事業を始める人が、その事業の七、八割まではたいていよくできるが、残りの二、三割を終わりまで成し遂げる人の少ないのは、はじめはよく己れを慎んで事を慎重にするから成功もし、名も現れてくる。ところが、成功して有名になるに従っていつのまにか自分を愛する心が起こり、畏《おそ》れ慎むという精神がゆるんで、驕り高ぶる気分が多くなり、そのなし得た仕事をたのんで何でもできるという過信のもとにまずい仕事をするようになり、ついに失敗するものである。これらはすべて自分が招いた結果である。だから、常に自分にうち克って、人が見ていないときも聞いていないときも自分を慎み戒めることが大事なことだ。

西郷のいう「道」とは、天道、つまり誠《まこと》のことです。中国の古典、『中庸《ちゅうよう》』の中に、「誠は天の道なり。これを誠にするは人の道なり」という言葉があります。誠実、誠を尽くすことが天の道であり、その天の道に従い生きることこそが人の道だということです。

「講学」とは、学問に努めるということです。また、学問に努める目的は「敬天愛人」であると、西郷はいっています。天地自然に従い、誠の道を大切に守りながら、人々を分け隔てなく愛することが、学問する目的なのだ、といっているわけです。

さらに、敬天愛人という道を踏み行っていくには、自分自身の心を修養しなければならない、そして自分の身を修めるには克己をもって終始する、ともいっています。この克己というものを私なりに表現すれば、「煩悩《ぼんのう》にまみれそうになる自分自身に打ち克つ」、あるいは「抑えつける」ということになります。

人間というものは、放っておけば、心の中に常に欲望が湧き起こってきます。その欲望は、創造主が人間に本能として与えてくれたものです。人間は生きていく限り、常にこの煩悩をもっています。それは人間が肉体を維持していくために必要不可欠なものです。

つまり腹が減ると、食欲という「欲望」が湧き、外敵に立ち向かっていく際には、「怒り」が込み上げてきます。また、無知蒙昧《むちもうまい》であるがゆえに、ときに「愚痴」をこぼします。この欲望、怒り、愚痴の三つは、煩悩の中でも一番強いもので、仏教では「三毒」といわれています。放っておけば、この三毒が常に心の中に湧き上がってきます。

この煩悩を抑えることこそが、克己なのです。克己とは、心の中に常に湧き起こってくる煩悩、特に三毒を自分の意志の力で抑えつけることなのです。

続けて西郷は「総じて人は己れに克つを以て成り」といっています。ここでいっている己とは、欲望、邪念が湧き起こっている自分のことです。それに克つことによって仕事でも人生でも何でもうまくいくわけです。つまり、欲にまみれた自分自身と葛藤《かっとう》し、その自分自身に克つことができるかどうかで、物事が成就するかどうかが決まると、西郷は述べているわけです。

これは、たいへん大事なことです。人は事業を始め、十のうち七、八までは一生懸命に頑張り、成功させることができます。しかし、最後まで仕上げることができる人は少ない。

初めの頃は、慎み深く、謙虚に、天の道を貫き、誠の道を歩こうとして、一生懸命に努力します。そのために成功もし、有名にもなるわけですが、成功し、偉くなっていくにしたがって、いつしか自分を抑える気持ちがゆるんで、自らを愛する心が起こってきます。今までは自分自身を厳しく抑える克己の精神があったのに、だんだんと自分自身を褒《ほ》め称《たた》えるようになるのです。

他人が褒め称えるのではありません。自分自身で、オレはあの苦しい中を頑張り、よくやったではないかと自画自讃《じがじさん》するようになり、謙虚さを失ってしまうわけです。成功するにしたがって、有名になるにしたがって、必ずそういうことが起こってくるのです。

そして、「この会社は、世のため人のためにあるんだ」といってきたはずなのに、「自分のためにあるんだ」と考えるようになり、それが没落の引き金を引くことになってしまう。これはすべて自らが招いたことなのだと、西郷はいっています。

飛ぶ鳥を落とす勢いの経営者にも落とし穴がある

「総じて人は己れに克つを以て成り、自ら愛するを以て敗るるぞ」

人の上に立つリーダーがまさに肝に銘じるべきことです。先ほども述べたように、志を立てた頃は、誰もが己を慎んで、謙虚に、慎重に、努力を重ね、事を進めます。しかし、一つ成功し、二つ成功していくと、自分でも気づかないうちに慢心し、傲慢になっていきます。そうすれば、道半ばにして志は折れ、結局は失敗に終わってしまいます。

私の恩人に、青山政次《まさじ》さんという、私の父親くらいの年齢の方がいらっしゃいました。私が大学卒業後に就職した、京都の松風《しょうふう》工業という碍子《がいし》製造メーカーでは、上司と部下という関係でしたが、私が松風工業を退職するとき、この青山さんも会社を辞め、京セラの創業に参加されました。

単品生産での創業でしたから、私は、会社を早く安定させたい気持ちが高じて、次から次へと新しい製品に手を広げていくのですが、青山さんはその様子をハラハラしながら見ておられたようです。

青山さんと二人で地方へ営業に行ったときのことです。旅館でひと風呂浴び、布団《ふとん》を敷いて、さあ寝ようとすると、

「稲盛くん、ちょっといいかい」

と、布団の上にあぐらをかいてポツポツと話し始められたのです。


「松風工業の創業者である松風嘉定《しょうふうかじょう》氏は、一流の経営者だ。清水焼《きよみずやき》で培《つちか》われた京都の焼き物文化を世界に誇る技術に高め、高電圧用絶縁碍子を電力会社向けに供給して会社を大きくした。

戦時中は素焼きの陶器で濾水管《ろすいかん》を製造している。当時の日本陸軍が旧満州（現中国東北部）から中国に転戦したとき、飲み水の確保に苦労していたのを聞きつけ、トラックに濾水管を積み、川から汲んできた水にポンプで圧力をかけると陶器の細かい穴で細菌まで濾過《ろか》されて飲める水ができるということから、戦時中はそういった軍需品で成功した。

飛ぶ鳥を落とす勢いに乗じてさらに会社を大きくしようとしたのか、山師《やまし》から鉱山を

買った。ところが、掘っても掘っても何も出てこない。騙《だま》されたのだ。そこから転落が始まった。多額の借金を抱えたまま亡くなり、松風工業は赤字続きの会社に落ちぶれた…」

先見性のあるやり手経営者でも、慎重さと謙虚さを忘れると、いとも簡単に没落してしまうという教訓です。

青山さんはそんな話をされ、いつも私に自重を促しておられました。そんな話を聞いていたせいか、その後私は、相変わらず積極的に事業展開を図っていったものの、決して無謀な賭けに出ることなく、また何よりも決して私自身驕ることのないよう、常に心がけ、その結果として会社を順調に発展させ続けることができました。

成功するよりも成功を持続させる方が難しい

ニュースキャスターの筑紫哲也さんが担当しておられる、早稲田大学大学院の授業に講師として招かれたことがありました。私の経営哲学についてお話ししたのですが、後日、学生たちから感想文が送られてきました。それによれば、ライブドア事件が発覚する以前のことですが、授業ではライブドアの堀江貴文社長（当時）も登場されたことがあったのか、学生のあいだで、

「堀江貴文と稲盛和夫のどちらの経営が正しいのか」

という議論で盛り上がったというのです。

経営者としての二人は、一方はカネがありさえすれば何でもできると考える、一方はカネではなく人間性が大事だと考える、また利己と利他というように、めざすところもまったく正反対の立場です。当時は、堀江さんも成功したようにみえたし、稲盛和夫も成功している。対極的な考え方でありながら、どちらの経営も成功を収めている。いったい、何が正しいんだろうというわけです。

確かに、短期的に見れば違いが見えなかったかもしれません。しかし、問題はその成功を長期にわたって持続できるかどうかだったのです。

優秀で、すさまじい情熱を持ち、努力を惜しまない人が、事業を始めて一生懸命に頑張って、幸運も味方につけたとすれば、かなりの人が成功することでしょう。ところが、そ

の小さな成功が仇《あだ》になって、驕慢《きょうまん》の心が生まれ、「天狗」になる。そのようにして事業をつぶしてしまったという例が、いくらでもあります。

成功するよりも、成功を持続させることの方がはるかに難しいのです。金持ちになりたい、贅沢《ぜいたく》に暮らしたい、有名になりたい、偉くなりたいという動機だったとしても、一時の成功ならつかむことはできます。最初は、それでもいいでしょう。しかし、そんな低次元の目的のままでは、成功を長続きさせることは容易ではないのです。

経営でも、政治でも、学問の世界でも、成功したことが偉いのではありません。成功に驕らず、謙虚に、自分を律する強い克己心を持ち続けられることが、人間としての本当の偉さなのです。

でも、そういう人物は、人間が堅いわけですから、はたから見ると面白くはありません。しかし、その「くそ面白くない」と思えるような人でなければ、成功を持続させることはできないのです。

己に克つということは、簡単なことではありません。だからこそ、心を支えるための哲学が欠かせないのです。この克己心について、西郷はこういっています。

【遺訓二二条】

己れに克《か》つに、事々物々時に臨《のぞ》みて克つ様にては克ち得られぬなり。兼《かね》て気象《きしょう》を以て克ち居《お》れよと也。

（訳）

己れにうち克つに、すべての事を、その時その場のいわゆる場あたりに克とうとするから、なかなかうまくいかぬのである。かねて精神を奮《ふる》い起こして自分に克つ修業をしていなくてはいけない。

この二二条は、二一条の補足になるものです。二一条では、身を修《おさ》めるためには自分の欲望や邪念を克服するところから始めなければならないと書いてありますが、人はそのようにいわれると、「よし、わかった。そのような問題が起こった場合には、そう心がけるようにしよう」と思います。

しかし、いざその状況になっても、急に実践できるものではありません。

だから、二二条で「己に克つに、兼て気象《きしょう》を以って克ち居れ」とあるのです。自分を抑えるということは、頭でわかっているだけではなく、常日頃、どんなことに対しても、自分の意志をもって、己の欲望や邪念を抑える訓練をしておかなければならない。さらには、欲望、邪念を抑えることが、自分の性格にまでなっていなければならない。そういう意味で、西郷は「気象」という言葉を使い、それを持つようにいっているのです。

自分の性格、いわば自らの血肉となっていなければ、いざというときに、自分を抑えようと思っても抑えられるものではない。そのために、かねてから自分を抑える努力、欲望を抑えるトレーニングを絶えず積んでいなければならないのです。

人材は君子だけでなく、小人を使ってこそ大きな仕事ができる

企業は一般に、一流大学の出身者、いわゆる成績の優秀な人を採用しようとします。また、会社に入ると、「仕事ができる」「能力がある」という基準で人間を測《はか》り、順に昇進させ、役員に引き上げ、社長に押し上げます。

能力がないより、あった方がいいに決まっています。しかし、才だけに人の価値を認め、人間性や人格は二の次であるとする考え方は、組織を蝕《むしば》むことにもなりかねません。西郷は、人材の登用について、こう述べています。

【遺訓六条】

人材を採用するに、君子小人の弁酷《べんこく》に過ぐる時は却《かえっ》て害を引き起こすもの也。その故は開闢《かいびゃく》以来世上一般十に七八は小人なれば、能く小人の情を察し、その長所を取りこれを小職に用い、その材芸を尽さしむる也。東湖先生申されしは「小人程才芸ありて用便なれば、用いざればならぬもの也。さりとて長官にすえ重職を授くれば、必ず邦家を覆《くつがえ》すものゆえ、決して上には立てられぬものぞ」と也。

（訳）

人材を採用するにあたって、君子（徳行の備わった人）と小人（人格の低いつまらない人）との区別をきびしくしすぎるときは、かえってわざわいを引き起こすものである。その理由は天地が始まって以来、世の中で十人のうち七、八人までは小人であるから、よくこのような小人の心情を思いはかってその長所をとり、これを下役に用い、その才能や技芸を十分発揮させるのがよい。藤田東湖《とうこ》先生はこう申されている。「小人は才能と技芸があって用いるに便利なものであるから、ぜひ用いて仕事をさせなければならないものである。だからといって、これを上役にすえ、重要な職務に就かせると、必ず国を覆すようなことになりかねないから、決して上に立ててはならないものだ」と。

人を登用する場合、才能よりもその人物を見なさいと、私は何度もいってきました。しかし、それは能力ある人を使ってはならないということではありません。

遺訓には「君子」という言葉が出てきます。君子とは、素晴らしい徳を持ち、信望のある人をいいます。また、能力的にも素晴らしいものを持っている人です。「あの人は人間ができている」「あの人は徳がある」というように人柄もよく、人から信頼されるに値する人間性を持っているのに加えて、優れた能力も持ち合わせているという意味で、西郷は君子という言葉を使っています。

次に、「小人」という言葉が出てきます。小人とは、才能面ではたいへん優れているが、人間的な修練の未熟な人、悪人ではないがまだ十分に人間ができていない人だと解釈してもいいと思います。

我々の周囲、または社会を見たとき、そういう小人がリーダーになっている場合がよくあります。企業では、年功序列制度にしろ、実力主義にしろ、能力本位で評価されるために、地位と人格が一致しないという矛盾をよく感じるわけです。

本当は人格と地位がパラレルになる。つまり、人物がよいから地位も上がっていくというようにしなければならない、しかし、難しいことに、現実には君子は非常に少なく、小人ははるかに多いのです。まさに、「人ありて人なし」という状況です。

そのようななか、小人は採らない、使わないというのでは、組織は成り立たず、仕事もできなくなってしまいます。人格的にはあまり十分ではないけれども、才能があり、能力のある人にも、組織の中で十分に力を発揮できる場を与えて、使っていくことが大事なのだと、西郷はいっているわけです。

人間ができていない人は使いたくないと思っても、そのような人を使わなければ、大きな仕事はできません。人物ができていないという欠点を見抜いたうえで、その人が持っている長所、能力を組織内でどう活用するかを考えることも、トップの大切な仕事です。

目立たないが
徳を備えた人物をトップに据《す》える

第二電電（現ＫＤＤＩ）での社長人事についてお話しします。

電電公社（現ＮＴＴ）が電話事業を独占していた頃の電話料金は、欧米に比べてたいへん高いものでした。安価な電話料金を実現するためには、電電公社と競争する企業が出てくる必要がありました。通信の自由化にあたり、当時の大企業がコンソーシアムを組んで参入してくれるだろうと、私は期待していましたが、新規参入するという企業は一社も現れなかったのです。それならばと勇気を奮い起こし、名乗りをあげました。

私は電電公社の若い技術陣十数名を迎え、素晴らしい能力を持っていた彼らを中心に第二電電を発足させました。

すると、日本テレコム、日本高速通信の二社が同時に参入してきたのです。日本テレコムは国鉄（現ＪＲ）が、日本高速通信は建設省（現国土交通省）とトヨタ自動車がバックについている強大な競争相手でした。同時に、巨大な電電公社も新生NTTとして存在しています。三社を向こうに回して苦しい戦いを強いられましたが、その後、第二電電は順調に成長していきました。

後に、KDDやIDOと大同団結を果たし、第二電電からKDDIとなって、さらなる発展をめざしていくなかで、私が社長に選んだのは、当初あまり目立たなかった人物でした。それは、トップとしてふさわしい「徳」を備えている、また社内の人々から信頼、信望を得られるという、基準に合致したからです。

素晴らしい才能があり、多大な貢献をしてくれた人は他にもいたのですが、私はあえてその人を選ばなかった。その貢献に対しては、第二電電が上場する前に株式を持ってもらい、金銭的な面では十分に遇しましたが、組織のトップには据えなかったのです。

先の遺訓一条に「功ある者には俸禄《ほうろく》を以て賞《しょう》し、これを愛《め》で置くものぞ」とあるように、そのような人の貢献には俸禄、つまりお金でもって報いるべきで、役職で報いることをしてはならないのです。

君子ばかりを選ぶことはできず、多くの小人たちの能力、才能を使わなければ、企業経営などできません。しかし、能力があり、仕事ができるからといって、小人をトップに据えたのでは、会社はつぶれてしまいます。
徳や信望がある立派な人間性を身につけた人を見出し、その人を本当に重要な役職に就けていかなければならないのです。

己を愛するのは善からぬことなり

【遺訓二十六条】

己れを愛するは善《よ》からぬことの第一也。修業の出来ぬも、事の成らぬも、過《あやま》ちを改むることの出来ぬも、功に伐《ほこ》り驕謾《きょうまん》の生ずるも、皆自ら愛するが為なれば、決して己れを愛せぬもの也。

（訳）

自分を愛すること、すなわち自分さえよければ人はどうでもいいというような心は最もよくないことである。修業のできないのも、事業の成功しないのも、過ちを改めることのできないのも、自分の功績を誇り高ぶるのも皆、自分を愛することから生ずることであり、決してそういう利己的なことをしてはならない。

人は、自分が一番大事です。自分が一番可愛い。だから、自分が傷ついたり、損なわれたりすることを最も嫌います。そしてともすれば自分は能力があり、仕事ができるのだといって自分を褒《ほ》め、つい天狗になる。それを西郷は「己を愛する」という言葉で表現しているわけです。

名声を欲張る、地位を欲張る、財産を欲張る、それらは西郷がいうように、すべて自分を大事にするということに端を発し、最もよくないことです。

また、事が成らないのもすべて、そのように己を愛しているからです。自己中心的な「自己愛」が働き、自分だけよければいいと考え、行動するから、他人の協力が得られないのです。

自分が自分が、という利己ではなく、相手のため、従業員のため、社会のためと、考え方を利他に変えれば、他の人からの信頼と協力が得られ、事業だって人生だって、必ずうまくいくはずです。

さらには、「他によかれかし」と考え、そのような行動に努めていけば、周囲にとどまらず、天もまた味方し、「天佑《てんゆう》」を授けてくれる。だからこそ事は成就するのです。

【遺訓二四条】

道は天地自然の物にして、人はこれを行うものなれば、天を敬するを目的とす。天は人も我も同一に愛し給うゆえ、我を愛する心を以て人を愛する也。

（訳）

道というのは、この天地のおのずからなるものであり、人はこれにのっとって行うべきものであるから、何よりもまず、天を敬うことを目的とすべきである。天は他人も自分も平等に愛したもうから、自分を愛する心をもって人を愛することが肝要である。

「道は天地自然の物にして、人はこれを行うものなれば、天を敬するを目的とす」と西郷がいっている中には、偉大な存在に畏《おそ》れを抱くというニュアンスが含まれています。偉大なる天は公平無私ですべてを愛し給うはずだから、我々も自分を愛する心をもって人を愛せねばならないといっているわけです。

己を愛する心をもって人を愛せよというのは、先に取り上げた二六条の「己れを愛するは善からぬことの第一也」と、一見矛盾するような感じがしますが、そうではありません。ここでいう愛は、自分自身を大事にしすぎるような自己愛ではなく、すべてのものに慈しみと愛の心をもって接するという他者への愛を指しています。

これは商売も同様です。ともすれば我々は、自分の金儲けに都合のよいように考えてしまいますが、そうではありません。江戸時代に商道徳を説いた石田梅岩《ばいがん》が「実《まこと》の商人は先も立ち、我も立つことを思うなり」といっているように、相手もうまくいくように儲かるようにするのが商売の鉄則であり、極意なのです。

自分が儲けたいと思うのなら、商売をしている相手、お客さんが儲かり、喜んでもらうようにしてあげる。それは、必ず自分の身にもかえってくるのです。「我を愛する心を以て人を愛する也」という西郷の言葉は、商いをするうえでも本当に大事なことだと思います。

【遺訓二五条】

人を相手にせず、天を相手にせよ。天を相手にして、己れを尽し人を咎《とが》めず、我が誠の足らざるを尋《たず》ぬべし。

（訳）

人を相手にしないで常に天を相手にするよう心がけよ。天を相手にして自分の誠を尽くし、決して人の非を咎めるようなことをせず、自分の真心の足らないことを反省せよ。

「人を相手にせず、天を相手にせよ」、これもビジネスで大切なことです。商談をするときでも、人を相手にせず、天を相手にせよ、つまり、自分の心のなかにある誠、自分の心のなかにある真っ直ぐな心、すなわち正道をもって対すべきだという意味です。

あのバブル最盛期に、不動産業者はもちろんのこと、大銀行の支店長までもが、「不動産を買いなさい」と熱心に勧めました。日本中がバブルで、土地を買えば値上がりする、株を買えば値上がりする。銀行も土地や株を買うための融資をすれば、金利でたくさん儲けることができました。だから、次から次へと不動産投資や株式投資を勧め、日本中がその購入に血眼になって走ったわけです。

それがバブル崩壊でものの見事に暴落し、多くの人が手痛い目にあいました。

それは、みんな「人を相手」にしていたからです。天を相手にするという誠、真心を貫くことなく、原理原則、つまり人間として正しいこと、道理に合っているか合っていないかを問うことがなかったからです。

儲け話が持ち込まれたとき、それが道理を踏まえているのかどうかを考えてみる。額に汗もせず、苦労もせず、右から左へまわしていくだけでボロ儲けができるとしたら、そんなことが果たして正しいのかと考えてみる。当時、そういうことを考えた人は本当に少なかったのです。みんなが人を相手にして、儲け話に乗りました。

バブルが崩壊したときも同様です。不動産、株式が暴落したとき、みんなたいへんな損をして、不動産や株式を自分に勧めた相手が悪いのだと、人を咎めだしたのです。

「オレは買いたくなかったのに、おまえが買え買えというから、またおまえがお金を貸すといったから、買ってしまったのだ」

そうではありません。西郷が、「天を相手にして、己れを尽くし人を咎めず、我が誠の足らざるを尋ぬべし」というように、自分が至らなかったから、自分の誠が足らなかったから、こういう失敗をしたのだと考えるべきであって、それを人のせいにするなど、とんでもないことです。

しかし、残念なことながら、実際にはそのように心を高めることができる人は、そう多くはいないはずですから、バブルの亡霊は、再び我々の前に姿を現すことになるでしょう。それもまた、この人の世なのです。

第四章

大義

京セラの社是として「敬天愛人」を掲《かか》げる

西郷の思想を端的に述べたのが、「敬天愛人《けいてんあいじん》」です。西郷が晩年に好んで書に書いたこの言葉を、京セラは社是にしています。

天を敬《うやま》い、人を愛する。心に響く美しい言葉です。天を敬うとは、自然の道理、人間としての正しい道、すなわち天道をもって善しとせよ、つまり、「人間として正しいことを貫く」ことであり、人を愛するとは、己の欲や私心をなくし、人を思いやる「利他」の心をもって生きるべしという教えです。

私は、西郷の生家のある加治屋町に近い、鹿児島市薬師町の生まれです。両親や先生たちから郷土の誇りである西郷のことをいろいろと教わったものです。もちろん、「敬天愛人」という言葉も、幼い頃から聞いていました。

通っていた西田小学校の校長先生の部屋には「敬天愛人」の立派な書が掛かっていましたし、ガキ大将を気取って仲間と走り回った西郷終焉《しゅうえん》の地である城山の岩崎谷トンネルの上にも「敬天愛人」の碑が建っていました。

私は、一三歳のときに終戦を迎えましたので、小学校では戦前の教育を受けていました。時代は軍国主義にどんどん傾斜していきましたが、西郷の教えは、洋の東西や国、人種、宗教という違いを超えた不変の理《ことわり》であると子ども心に感じていました。

その後、大学を卒業した私は、前述のように、京都の松風工業という碍子《がいし》製造の中小企業に就職しました。入社早々から給料の遅配が続き、同期入社組はさっさと見切りをつけて次々に辞めていきました。私はひとり会社に残り、特殊磁器、今でいうニューセラミックの研究に没頭していました。

その後、私も上司と衝突して退職することになるのですが、

「稲盛の技術を死なせてはならない。新しい会社をおこそう」

と声を挙げてくれた、七人の仲間とともに会社をおこすことになり、京セラの前身である京都セラミックを設立したのは、一九五九（昭和三四）年四月一日のことでした。

その直後、私は「敬天愛人」との運命的な再会を果たします。

創業にあたり、出資していただいたうえに、京都セラミックの初代社長になってくださった、大恩人である宮木電機製作所の宮木男也《みやきおとや》社長が、ある日、出張から帰ってこられた

とき、何やら包みを解きながらいわれました。

「稲盛くん、良いものを買ってきてあげたよ。稲盛くんの同郷の西郷さんの書だというので、あなたが気にいるのではないかと思ってね」

見れば、西郷による「敬天愛人」の書でした。直筆ではなく模して書いた臨書ではありましたが、会社の船出によかれという宮木さんの温かい気持ちに、感激のあまり涙がポロポロ溢れてきました。

すぐに表具屋さんに持っていき、表装して会社の応接室に掲げました。宮木電機の倉庫の二階を借りて事務所としていた頃のことです。当時、冬はダルマストーブで石炭を焚《た》いていたので、今では茶色く煤《すす》けてしまっていますが、それは何物にも替え難い私の宝物であり、現在も私の執務室に掲げられています。

私はそのようにして、二七歳の一介の技術者に過ぎなかったのに、企業経営者という立場に押し上げられ、会社が創業した瞬間から、社員は私に経営判断を求めてきました。少しでも判断を誤れば、ちっぽけなベンチャー企業はあっというまにつぶれてしまいます。

経営を勉強したこともなければ、経営者としての経験もなかった私です。いったい全体、どうやって物事を判断すればいいのか、迷いに迷いました。その間にも、私の判断を求める案件はどんどん上がってきます。

悩みに悩み抜いた挙句、私は決めました。子どもの頃に父母や学校の先生から教わった「人間として正しいことを貫くこと」をすべての物事の判断基準とすることにしたのです。経営の何たるかを知らない私は、体と心に沁み込んだプリミティブな倫理観で経営に当たることにしたのです。それ以外に持ち合わせていなかったというのが本当のところです。

そのとき、宮木社長からいただいた「敬天愛人」の書に、目が留まりました。「敬天」とは、先ほども述べたように、「人間として正しいことを貫く」ということです。

「間違ってはいないぞ。西郷さんの教えのままいこう」

そう思ったときから、私は「敬天愛人」を京セラの社是とすることに決めていました。以来、その思想に従い、経営の舵取りを担い、決して道を誤ることはありませんでした。

経営者として覚悟を決め、経営理念を定める

企業経営には、大義が必要です。

創業三年目の一九六一（昭和三六）年四月、それを思い知らされる事件がありました。前年に初めて採用した高卒社員が一一人集まって、私のところにやってきたのです。

「こんなボロ会社だとは知らずに入社してしまった。将来が不安でたまらず、安心して働けない。定期昇給とボーナスを保証してくれ。認めてくれなければ今日限りで全員辞める」

といい出したのです。血判状まで用意したというのですから、穏やかではありません。できたばかりの小さな会社です。

「そんな約束はできない。皆の力を合わせて会社を発展させていこう」

と説得を試みるのですが、

「我々にも生活がある。将来を保証してください」

と、彼らは一歩も引きません。そこで、私の自宅に連れて帰って膝詰《ひざづ》め談判です。当時、私は、京都・嵯峨野の広沢池の近くにある小さな市営住宅に、家族と住んでいました。そこで三日三晩、話し続けました。

「将来の約束はできないけれども、必ず君たちのためになるようにするつもりだ。それを信じてみないか。もし、君たちの信頼を踏みにじるようなことがあったら、私を殺してもいい」

そこまでいうと、彼らも涙ながらにうなずきました。小さな反乱は何とか収まり、ホッとしました。しかし、その夜、私は眠ることができませんでした。

父親は戦前、印刷屋に丁稚《でっち》奉公に上がり、私が物心ついた頃には、鹿児島市内で小さな印刷屋を営んでいました。経営はそこそこうまくいっていたと思います。

しかし、空襲で工場が焼け、印刷機械も全部灰になってしまいました。父はやる気を失ってしまい、その後、母親が大変な苦労をして、私を含めた七人の兄弟を食べさせてくれたのです。兄は大学を出ていません。妹は高校を中退して、私の大学進学に協力してくれました。

私は京都で就職してから、そんな家族に、毎月、仕送りをしていましたが、とても十分な額ではありません。自分の親兄弟の面倒すら満足に見てやれないのに、会社を始めたばかりに、縁もゆかりもない人たちの生活を命を賭けて守ると約束しなければならない。不《ふ》遜《そん》ないい方ですが、企業経営とはなんと馬鹿馬鹿しいものなんだろうと思わずにはいられませんでした。

京セラは、稲盛和夫の技術を世に問う場として、支援してくださる方々につくっていただいた会社でした。つまり、経営者である私が、技術者としての自分のロマンを追い、それを実現させることを会社の目的と考えていたのです。ところが、そうした理想が吹き飛んで、いつのまにか社員の生活を守ることを会社の目的とせざるを得なくなってしまったのです。

私は悶々《もんもん》として悩みました。

「技術者としてのロマンを追えば、従業員を犠牲にすることもあるだろう。やはり、会社は、従業員やその家族の生活を守り、みんなを幸せにすることを第一義とすべきではないか」

そう思い始めたとき、会社の応接間に掛けてあった「敬天愛人」の書が静かに私を見下ろしていました。「人を愛するということが一番大切なことなんだよ」、西郷がそう語りかけてくるようでした。悩みに悩んだ結果、ようやく吹っ切れて、腹が決まりました。

「全従業員の物心両面の幸福を追求すると同時に、人類、社会の進歩発展に貢献すること」

このとき、会社の経営理念が決まりました。技術屋のロマンでもない、ましてや経営者の私利私欲でもない、従業員、そして世のため人のためという、まさに会社の大義名分を確立することができたのです。

この経営理念という大義があればこそ、京セラは全従業員がベクトルを合わせ、一致団結して、創造的な技術開発、また多岐にわたる事業展開を進めることができたのです。また、それが発展の原動力となったのです。

リーダーは、まずは集団のめざすべきところを明確にしなければなりません。つまり、大義名分のある目的を確立するとともに、その共有に努め、全従業員が心から喜んで協力してくれる集団をつくりあげることが大切なのです。

策略で勝ち得た成功は長続きしない

昨今、大義を忘れ、ひたすらに自己の利益を追求するため、策を弄《ろう》するような事例が散見されます。

西郷は、こう説いています。

【遺訓三四条】

作略《さりゃく》は平日致さぬものぞ。作略を以てやりたる事は、その迹《あと》を見れば善《よ》からざること判然にして、必ずしたりこれある也。唯戦《いくさ》に臨みて作略なくばあるべからず、併し平日作略を用うれば、戦に臨みて作略は出来ぬものぞ。孔明《こうめい》は平日作略を致さぬゆえあの通り奇計を行われたるぞ。予嘗《かつ》て東京を引きし時、弟へ向かい、是迄少しも作略をやりたる事あらぬゆえ、跡は聊《いささ》か濁るまじ、それ丈《だ》けは見れと申せしとぞ。

（訳）

はかりごと（駆け引き）は、日常的に用いない方がよい。はかりごとをもってやったことは、その結果を見ればよくないことがはっきりしていて、必ず後悔するものである。ただ戦争の場合だけは、はかりごとがなければいけない。しかし、日常的にはかりごとをやっていると、いざ戦いということになった時、うまいはかりごとは決してできるものではない。諸葛孔明《しょかつこうめい》（中国三国時代、蜀漢《しょくかん》の丞相《じょうしょう》、誠忠無私な人）

はかねて計略をしなかったからいざという時、あのように思いもよらないはかりごとを行うことができたのだ。自分はかつて東京から引き揚げた時、弟（従道）に向かって「自分はこれまで少しもはかりごとをやったことがないので、ここを引き揚げた後も、跡は少しも濁ることはあるまい。それだけはよく見ておけ」とはっきりいっておいたということだ。

企業は常に厳しい生存競争にさらされており、それは戦争であり、「弱肉強食」の戦いであると考えられています。そこには、生き残るためなら何をやってもよい、狡猾《こうかつ》で卑怯《ひきょう》な手段も正当化される、負ける方が悪いのだという考えが潜んでいます。しかし、私はそうではないと思うのです。

企業には、戦略や戦術が必要です。会社をこんなふうにしていきたいというビジョンを描き、研究開発の方針を決めて、どのような製品や事業に注力していくか、そのために何をやらなければならないかを洗い出して実行に移す。そのような戦略や戦術は必要です。ところが、実際には、どうやって競争相手をつぶすか、いかに同業者の足を引っ張って自社が浮かび上がるかという矮小《わいしょう》な視野で策略を練っていることが少なくありません。もちろん、ライバル会社とのあいだで食うか食われるかの激しい競争をしているとき、つまり西郷がいう「戦争状態」にあるときには策略も必要でしょう。

しかし、他社をどうこうする前にまずやるべきことは、とにもかくにも自分の会社を強くするため、脇目も振らずに努力に努力を重ねることです。経営者が率先して、競争相手の足を何とか引っ張ってやろう、相手を騙してうまい汁を吸おうなんていうことばかり考えているようでは、会社が発展していくはずがありません。いつか必ずつまづきます。

策略で勝ち得た成功は、決して長続きしないのです。こちらが策略を用いれば、相手も負けまいと策略を用います。裏をかけば、そのまた裏をかかれるものです。いったん成功したように見えても、相手は必ずそれを覆《くつがえ》すような策略を返してきます。猜疑心《さいぎしん》に満ち、油断も隙もない緊張の連続で、良識とか良心に厚い人は心が安まる間がありません。

世の中には、そんな小賢しい策略をめぐらせるようなことが好きな人がいます。いつもそういうことばかり考えていて、世渡りがうまく、笑顔を振りまきながら、他人を踏み台にすることなど何とも思わないような輩《やから》です。

そういう人のペースに、自分も引きずり込まれてはなりません。「天網恢々疎《てんもうかいかいそ》にして漏《も》らさず」、そのような人がいつまでも栄えたためしはありません。

ただ一生懸命に自分がすべきことを貫けばいい。他人のことをあれこれと意識することなく、己の誠を貫くこと、それがすべてなのです。

【遺訓七条】

事大小と無く、正道を踏《ふ》み至誠を推し、一事の詐謀《さぼう》を用うべからず。人多くは事の指支《さしつか》ゆる時に臨み、作略《さりゃく》を用いて一旦その指支《さしつか》えを通せば、跡は時宜《じぎ》次第工夫の出来る様に思え共、作略の煩《わずら》い屹度《きっと》生じ、事必ず敗るるものぞ。正道を以てこれを行えば、目前には迂遠《うえん》なる様なれ共、先きに行けば成功は早きもの也。

（訳）

どんなに大きい事でも、またどんなに小さな事でも、いつも正しい道を踏み、真心を尽くし、決して偽りのはかりごとを用いてはならない。人は多くの場合、ある事にさしつかえができると何か計略を使って一度そのさしつかえをおし通せば、あとは時に応じて何とかいい工夫ができるかのように思うが、計略したための心配事がきっと出てきて、そのことは失敗するにきまっている。正しい道を踏んで行うことは目の前では回り道をしているようであるが、先に行けばかえって成功は早いものである。

西郷は「策謀をめぐらせて目的を達成してはならない。手段は選ばなければならない。真っ正直に誠を尽くしてやっていかなければならない」といっています。謀略、策謀を用いたのでは、一時はうまくいくかもしれないが、決して長続きはしませんし、必ず失敗してしまうのです。

一方、「目的のために手段を選ばず」ということもよくいわれます。実際に、仕事や人生で行き詰まったときなどには、良心では決してよいとは思っていないことであっても、このくらいはいいだろうと考え、ついつい悪いことをしてしまいがちです。極端な場合、「結果が良ければ、すべて良し」などとうそぶき、自分自身を納得させようとしたりします。しかし、いついかなるときであろうとも、正しい道を踏み、誠を尽くしていかなければならないのです。

「動機善なりや、私心なかりしか」を常に問う

近代政治学の基礎を築いたイタリアの思想家マキァヴェリ（一四六九〜一五二七）は、『君主論』で、権力者にとっての統治技術を論じました。政治から倫理とか道徳といった理想主義的な要素を排除し、徹底した現実主義に立脚したため、マキァヴェリズムは、ときに、目的達成のためには手段を選ばない権謀術数《けんぼうじゅっすう》主義といわれてきました。君主が夢や理想を語ることすらも、民衆を味方につける統治テクニックと位置づけるからです。

一方、英国の哲学者ジェームズ・アレン（一八六四〜一九一二）は、『「原因」と「結果」の法則』で、「純粋な心」にこそ人と社会を良い方向に導く素晴らしい力があると説きました。

事業でも政治でもそうですが、資金も地位も能力もある人が知恵を絞り、企画を立て、戦略や戦術を練ってもなかなかうまくいかないことがあります。

ところが、非常にピュアな心を持った人が、純粋に物事を考えてやり始めると、あれよ

あれよという間にびっくりするような成功を収めてしまうことがあります。純粋で美しい心、純真な思いには素晴らしい力がある。大きな成功を遂げた人というのは、往々にして、そういう純粋な心から出発しているものだ、とジェームズ・アレンはいっています。

私も、リーダーと呼ばれる人が第一に身につけるべきは、マキァヴェリズムではなく、アレンの説く、純粋な心であると確信しています。金や地位、権力、策略は、一点の曇りもない心、誠心誠意の志の前に歯が立たないということは歴史が証明しています。真の偉業というものは、高潔で清らかな思いがあってこそ、多くの人の協力を得て成し遂げられるものなのです。

【遺訓三八条】

世人の唱《とな》うる機会とは、多くは僥倖《ぎょうこう》の仕当《しあ》てたるを言う。真の機会は、理を尽して行い、勢を審《つまび》らかにして動くと云うに在り。平日国天下を憂うる誠心厚からずして、只時のはずみに乗じて成し得たる事業は、決して永続せぬものぞ。

（訳）

世の中の人がいう機会とは、多くは、まぐれ当たりに、たまたま得たしあわせのことを指している。しかし、本当の機会というのは道理を尽くして行い、時の勢いをよく見極めて動くという場合のことだ。かねて国や世の中のことを憂える真心が厚くなくて、ただ時の弾みに乗って成功した事業は決して長続きしないものである。

第二電電（現ＫＤＤＩ）による通信業界への新規参入は、先にも述べたように、国民のために通信料金をもっと下げるべきだ、それには、電電公社（現ＮＴＴ）の市場独占を排し、競争原理を導入することが必要だという、「大義」から出発したものでした。

信念は岩をも砕くというのは本当です。ウシオ電機の牛尾治朗さん、セコムの飯田亮さん、ソニーの盛田昭夫さんらに相談すると、大ＮＴＴに対抗するという一大事業であるにもかかわらず、

「いっちょう、やってやるか」

と、賛同してくれたのです。最終的には大手商社を含めて二五〇社に出資をしていただ

くことになりました。

そこに至るまでの半年間というもの、私は毎晩寝る前に自問自答を繰り返していました。

「動機善なりや、私心なかりしか」

稲盛和夫よ。今、おまえがやろうとしていることは、本当に国民のためを思ってのことなのか。きれいごとをいっているだけではないのか。この機会に京セラを大きくしたいとか、自分が儲けたいという私心はないのか。どこかに自分が目立ちたいという邪心があるのではないか。

自分自身に刃を突きつけるように厳しく半年間問い続けました。そして、「いささかの私心もない」と自分の良心に誓って断言できるようになったとき、私は打って出ることを決断しました。

しかし、第二電電には、通信技術のノウハウもなく、光ファイバーを敷設《ふせつ》するルートもありませんでした。私は国鉄総裁のところに飛んでいって、光ファイバーを敷設するとき、第二電電の分もぜひ引いてほしい、もちろん使用料は支払うからと頼み込みました。ところが、けんもほろろに断られ、それは道路公団も同じことでした。仕方なく、日本列島をめぐる山の上に鉄塔を建て、パラボラアンテナを載せ、マイクロウェーブという無線のネットワークを自前でつくりあげたのです。

その後、新電電のなかでは最も条件的に不利で、最初につぶれるだろうといわれた第二電電だけが生き残り、今やKDDIとなって、NTTグループに対抗できる唯一の通信事業者として、今も隆々と発展を続けています。

「平日国天下を憂うる誠心厚からずして、只時のはずみに乗じて成し得たる事業は、決して永続せぬものぞ」という西郷の言葉の通りの結果になりました。「国民のために」という大義とともにあった私の信念は、かたときも揺らぐことはありませんでした。

余談ですが、私は創業者であるにもかかわらず、第二電電の株を、ただの一株も持ちませんでした。もし、株を持っていれば、上場後に莫大な金額となっていたはずですが、「動機善なりや、私心なかりしか」に照らし、それを自分に許しませんでした。

もし、私が創業の志を忘れ、私利私欲を募らせ、小賢しい策略に走っていたら、おそらくKDDIの発展はなかったことでしょう。

私心を捨て、志を純化していったからこそ、運命の女神が微笑んでくれたのです。

新規事業への挑戦の多くが失敗に終わり、成功するのはほんの一握りです。事の成否を分けたのは、私心なき純粋な心だと私は信じています。

第五章

大計

思いつきの施策では国が危《あや》うくなる

日本という国、そして日本人は、これから先、どこへ向かおうとしているのでしょうか。物質的には満たされているのに、まるで大海原に浮かぶ一片の木の葉のように、当てどもなく漂流している。私にはそんなふうに思えてなりません。

日本国内では人口がいよいよ減少に転じました。少子高齢化社会への突入です。このまま労働人口が減少していけば、やがてGDP（国内総生産）の伸びが落ち込み、国の歳入も減っていきます。その中で現在の巨額の財政赤字を放置すれば、日本はいずれ国家としての破綻を迎えてしまいます。

国際情勢に目を転じても、中国やインドをはじめとする新興勢力の発展は目覚ましく、世界経済の構図は大きく書き換えられつつあります。冷戦終結後の世界は、いったんアメリカの圧倒的軍事力のもとで秩序が保たれる構造に変わりましたが、イラク戦争で露呈《ろてい》したように、決してアメリカの論理が世界の正義ではありません。

新しい時代にふさわしい、新しい世界観が構築されなければなりません。これからの世界の中で、日本人はどうありたいのか、日本という国はいかなる道を歩むべきなのかという指針を一刻も早く見出さなければなりません。それは私たち一人ひとりにとっても、また私たちの次世代にとっても最も切実な課題だと思います。

維新、つまり「維《こ》れ新たなり」という、幕末から明治への大転換の時代には、すべての権威が失われ、あらゆる価値観や秩序が塗り替えられました。

西郷を中心に多くの人たちの力によって明治維新の幕が切って落とされた後、大久保利通や伊藤博文ら明治の元勲たちが登場して、政権という表舞台の中央に立って、急ごしらえで新しい政府、新しい制度、新しい国家をつくっていきました。それは文字通り、暗中模索、手探りの突貫作業でした。

そういう様を見て、西郷は、新たな幕開けのときだからこそ、まずは進むべき針路を明確に定めなければならないと主張するのです。

【遺訓二条】

賢人百官を総《す》べ、政権一途《いっと》に帰し、一格《かく》の国体定制なければ、縦令《たとえ》人材を登用し言路を開き、衆説を容《い》るる共、取捨《しゅしゃ》方向なく、事業雑駁《ざっぱく》にして成功あるべからず。昨日出でし命令の、今日忽《たちま》ち引き易《か》うると云様《いうよう》なるも、皆統轄《とうかつ》する所一ならずして、施政《しせい》の方針一定せざるの致す所也。

〈訳〉

賢人がたくさんの役人たちを一つにまとめ、政権が一つの方針に進み、国柄が一つの体制にまとまらなければ、たとえ立派な人を用い、上に対する進言の路を開いてやり、多くの人の考えをとり入れるにしても、どれを取り、どれを捨てるかにつき一定の方針がなく、あらゆる仕事はばらばらでとても成功どころではない。昨日出された政府の命令が、今日は早くも変更になるというようなのも、皆統一するところが一つでなく、政治の方針が決まっていないからである。

新しい日本を建設しようというそのときに、明確な国家像、ビジョンというものが描かれていなかった。めざすべき大計がないままに、いくら優秀な官僚を集めても国が良い方向に進むはずがない。西郷はそう嘆いたのです。

求められているのは、半年や一年という短期の時間軸ではなく、「国家一〇〇年の大計」、日本というこの国をひとつの時代にあたり、どういう方向へ進めていくのかという明確な方向性です。すべての施策は、そのような確固たる目的や目標があってこそ、そこに向かって収斂《しゅうれん》していきます。大計なく、思いつきでいかにも対症療法的な施策を打っていると、国の将来は危うい、といっているのです。これは、現代の政治についてもそのままあてはまる、とても大事なことだと思います。

明確なビジョンを打ち出す

企業経営に目を転じますと、社長または経営トップは、その会社をどういうものにしていくのか、一〇年先、二〇年先ぐらいまでを視野に入れた明確なビジョンをつくって、社員に示さなければなりません。にもかかわらず、年功序列で繰り上がって、幸運にも社長になり、二年とか四年とかの任期を大過なく乗り切ろうというサラリーマン社長の場合には、

「前社長の方針を継承します」

ということが多いものです。

もちろん、前任社長の方針を踏襲《とうしゅう》することが必ずしも悪いわけではありません。大切に継承していくべき、明確な未来像があれば、それを継承すべきです。しかし、もしそういうものが希薄だったり曖昧《あいまい》だったりするなら、

「私はこの会社をこういう方向に導いていくつもりです」

と、方針をはっきり示すのが、新社長として最初にやるべきことだと思うのです。

社長が代われば会社も変わらなければおかしい。その人にとっても、常務だったとき、専務だったとき、副社長だったときと何一つ変わらないのであれば、社長になった意味がありません。

社長は、全人格を組織に投影して会社を発展させていくという役割を担っています。自分のすべてを注ぎ込んで、組織を活性化させるのが社長なのです。そういう役割を任せら

れる人でなければ社長になる資格はないし、そういう役割を果たせないなら、社長になる意味がありません。そのあまりにも重い責任の代償として、高額の給与やボーナス、退職金で厚く遇されるのです。

話を政治に戻しましょう。

西郷は、国政の基本は「文」「武」「農」であり、この三つを何よりも優先させよと唱えました。

【遺訓三条】

政《まつりごと》の大体は、文を興《おこ》し、武を振《ふる》い、農を励《はげ》ますの三つにあり。その他百般の事務は、皆この三つの物を助くるの具《ぐ》也。この三つの物の中において、時に従い勢《いきおい》に因《よ》り、施行《しこう》先後の順序はあれど、この三つの物を後にして他を先にするは更になし。

〈訳〉

政治の根本は学問を盛んにして教育を興し、軍備を整えて国の自衛力を強化し、農業を奨励して生活を安定させるという三つに尽きる。その他いろいろの事柄は、みなこの三つのものを助長するための手段である。この三つのものの中で、時代によりあるいは時のなりゆきによって、どれを先にし、どれを後にするかの順序はあろうが、この三つのものを後回しにして他の政策を先にするということは、決してあってはならない。

これは、現代にもそのまま通じる政治の大原則です。

「文を興し」というのは、子どもたちに読み書き算盤《そろばん》を教えることから始まり、西欧の近代的な文物を学び取ろうということでしょう。現在でも教育や科学技術、芸術文化の振興は、国家の課題です。

西郷のいう「武を振い」とは、侵略のための軍事力ではなく、あくまでも自国を守るための防衛力のことであると私は考えています。当時、西欧列強が植民地政策を推し進め、アジアの弱小国を次々にその支配下に置いていた状況からすれば、自衛力を強化することは当然のことでした。欧米列強の軍事的脅威から日本の主権と独立をなんとしてでも守らなければならなかったのです。

現在の日本は、戦争を放棄した平和国家です。今どき、武を振うなどというのはなんとも物騒なようですが、自分の国を自分で守るというのは、今も大切なことであるはずです。同時に、国を守るということは、武器による自衛だけにとどまらないはずです。世界の国々と協調し平和的な関係を築くことができるような、徳に基づく外交施策により、世界の国々から尊敬と信頼をかちとり、侮られることのない国家をつくっていくことも、近代的な意味で「武を振う」ことにほかならないはずです。

「農を励ます」の農は、当時は農業が国の最大の産業でしたが、現代では産業全般のことだと考えればいいでしょう。産業を振興することが、政治の重大な役割であることは、いつの時代も変わりません。

リーダーは日本国の大計を示すべきだ

「一国は一人をもって興《おこ》り、一人をもって亡ぶ」。一一世紀北宋時代の大詩人、蘇軾《そしょく》の父で大学者であった蘇洵《そじゅん》が喝破《かっぱ》したように、人類の歴史はリーダーの歴史でした。だからこそ、国が進むべき方向性をはっきりと国民の前に提示することを、我々は国のリーダーに求めるのです。

【遺訓八条】

広く各国の制度を採り開明に進まんとならば、先ず我国の本体をすえ風教を張り、然《しか》して後徐《しず》かに彼の長所を斟酌《しんしゃく》するものぞ。否《しか》らずして、猥《みだ》りに彼れに倣《なら》いなば、国体は衰頽《すいたい》し、風教は萎靡《いび》して匡救《きょうきゅう》すべからず。終《つい》に彼《か》の制を受くるに至らんとす。

（訳）

広く諸外国の制度をとり入れ、文明開化をめざして進もうと思うならば、まず我が国の本体をよくわきまえ、風俗教化の作興《さっこう》に努め、そして後、次第に外国の長所をとり入れるべきである。そうでなく、ただみだりに外国に追随し、これを見習うならば、国体は衰え、風俗教化はすたれて救い難い有様《ありさま》になるであろう。そして、ついには外国に制せられ国を危うくすることになるであろう。

一国の宰相《さいしょう》だけでなく、私たちにもやらなければならないことがあります。それは、「日本を知る」ということです。この国がどのようにして成り立った国なのか、我々の先祖がどういう生き様で国をつくってきたのか、素晴らしいことも過ちも、自分たちの国が歩んできた道のりを知ることです。

今の教育現場は、日本という国について教えることにあまりにも腰が引けています。グローバルに生きる時代だからこそ軸足をしっかりと据えなければ、日本人は世界の中で「根なし草」になってしまいます。

日本の成り立ち、特に近代になってからの世界の中における日本の位置づけを教育の現場できちんと子どもたちに教えるべきです。そのうえで、これからの日本がどういう道を歩んでいったらよいのかを考えるべきではないでしょうか。

今は、そういう根本的な議論に踏み込むことを避けながら、改革という言葉ばかりが実態もなく声高に叫ばれているだけのように思います。自分の国の拠って立つべきところを定めないで、外国とうまく付き合っていけるとは思えません。

西郷は、西洋文明というものの本質を冷静に見据えていました。

【遺訓一一条】

文明とは道の普《あまね》く行わるるを賛称《さんしょう》せる言にして、宮室の壮厳《そうごん》、衣服の美麗、外観の浮華《ふか》を言うには非《あら》ず。世人の唱うる所、何が文明やら、何が野蛮やら些《ち》とも分らぬぞ。予、嘗《かつ》て或人と議論せしことあり。西洋は野蛮じゃと云いしかば、否《いな》文明ぞと争う。否否野蛮じゃと畳みかけしに、何とてそれ程に申すにやと推《お》せしゆえ、実《まこと》に文明ならば、未開の国に対しなば、慈愛を本とし、懇々説諭して開明に導くべきに、左《さ》はなくして未開曚昧《もうまい》の国に対する程むごく残忍の事を致し己れを利するは野蛮じゃと申せしかば、その人口を莟《つぼ》めて言無かりきとて笑われける。

（訳）

文明というのは道理にかなったことが広く行われることをたたえていう言葉であって、宮殿が大きくおごそかであったり、身にまとう着物がきらびやかであったり、見かけが華やかでうわついていたりすることをいうのではない。世の中の人のいうところを聞いていると、何が文明なのか、何が野蛮《やばん》（文明の開けないこと）なのか少しも分からない。自分はかつてある人と議論したことがある。自分が西洋は野蛮だといったところ、その人はいや西洋は文明だといい争う。いや、野蛮だとたたみかけていったところ、なぜそれほどまでに野蛮だと申されるのかと力を込めていうので、もし西洋が本当に文明であったら、未開国に対してはいつくしみ愛する心をもととして懇々と説きさとし、もっと文明開化へと導くべきであるのに、そうではなく、未開で知識に乏しく道理に暗い国に対するほどむごく残忍なことをして自分たちの利益のみをはかるのは明らかに野蛮であると申したところ、その人もさすがに口をつぐんで返答できなかったよと笑って話された。

西郷は、「文明」という言葉に、優れた制度、道徳、道理というものを備えた理想的な社会のイメージを重ねていました。ペリー提督が黒船で浦賀に来航し、日本に開国を迫り、欧米の進んだ文物がどんどん入ってきました。また、キリスト教の宣教師が先兵となって日本にやってきましたから、博愛の精神にくるまれた西欧文化は、当時の日本人にとってはまばゆいばかりの輝きを放って見えたことでしょう。

しかし、西郷は欧米列強が互いに覇権《はけん》を競い、未開の国々を武力にものをいわせて征服してきた歴史を見逃さなかったのです。

もちろん、やみくもに西洋を悪玉扱いしていたわけではありません。法制度や教育システムなど、その優れたところ、進んだところは率直に認め、受け入れる正しい判断力を持っていました。ただ、西洋のものを無節操に受け入れようとはしなかったのです。

【遺訓 一二条】

西洋の刑法は専ら懲戒《ちょうかい》を主として苛酷《かこく》を戒《いまし》め、人を善良に導くに注意深し。故に囚獄中の罪人をも、如何にも緩るやかにして鑑誡《かんかい》となるべき書籍を与え、事に因《よ》りては親族朋友の面会をも許すと聞けり。尤《もっと》も聖人の刑を設けられしも、忠孝仁愛の心より鰥寡《かんか》孤独を愍《あわれ》み、人の罪に陥るを恤《うれ》い給いしは深けれ共、実地手の届きたる今の西洋の如くありしにや、書籍の上には見え渡らず。実に文明じゃと感ずる也。

（訳）

西洋の刑法はもっぱら戒め懲らすことを根本の精神として、むごい扱いを避け、人を善良に導くことに心を注ぐことが深い。だから牢獄にとらわれている罪人であっても穏便《おんびん》に取り扱い、戒めの手本となるような書籍を与え、事柄によっては親族や友人の面会も許すということだ。もともと昔の聖人が刑罰というものを設けられたのも、忠孝、仁愛の心から世に頼りのない身の上の人をあわれみ、そういう人が罪に陥るのを心配された深い心からだが、実際の場で今の西洋のように手が届いていたかどうかは書物に見あたらない。西洋のこのような点はまことに文明だとつくづく感ずることである。

当時の日本の牢獄というのは、罪人を痛めつけて苦しめるだけで、教え諭《さと》して改心させるという発想はほとんどなかったようです。もちろん、西欧でも酷《ひど》い仕打ちがあったはずですが、理念や制度としては日本に比べてはるかに先進的でした。おそらく、自分自身が島流しに遭い、牢獄で暮らした時の悲惨な経験の記憶が、西郷の脳裏をかすめたことでしよう。

ところが、当時の明治政府の官僚役人には、そのような博愛の精神は見出せず、むしろ人間としての道理にもとるようなことも多々あったのです。そのような為政者の姿に、西郷は国家存亡の危機を憂いたのです。

【遺訓一六条】

節義廉恥《せつぎれんち》を失いて、国を維持するの道決してあらず、西洋各国同然なり。上に立つ者下に臨《のぞ》みて利を争い義を忘るる時は、下皆これに倣《なら》い、人心忽《たちま》ち財利に趨《はし》り、卑吝《ひりん》の情日々長じ、節義廉恥の志操《しそう》を失い、父子兄弟《ふしけいてい》の間も銭財を争い、相《あい》讐視《しゅうし》するに至る也。此《かく》の如く成り行かば、何を以て国家を維持すべきぞ。徳川氏は将士の猛《たけ》き心を殺《そ》ぎて世を治めしか共、今は昔時《せきじ》戦国の猛士《もうし》より猶《なお》一層猛き心を奮い起こさずば、万国対峙《たいじ》は成る間敷《まじく》也。普仏《ふふつ》の戦《いくさ》、仏国三十万の兵三カ月糧食ありて降伏せしは、余り算盤《そろばん》に精《くわ》しき故なりとて笑われき。

（訳）

節義（かたい道義、みさお）、廉恥（潔白で恥を知ること）の心を失うようなことがあれば国家を維持することは決してできない。それは西洋各国であってもみな同じである。上に立つ者が下に対して自分の利益のみを争い求め、正しい道を忘れるとき、下の者もまたこれにならうようになって人は皆財欲に奔走し、卑しくけちな心が日に日に増長し、節義廉恥のみさおを失うようになり、親子兄弟の間も財産を争い互いに敵視するに至るのである。このようになったら何をもって国を維持することができようか。徳川氏は将兵の勇猛な心をおさえて世の中を治めたが、今は昔の戦国時代の勇将よりもなお一層勇猛心を奮い起こさなければ世界のあらゆる国々と相対することはできないであろう。独仏戦争のとき、フランスが三十万の兵と三カ月の食糧があったにもかかわらず降伏したのは、あまり金銭財利のそろばん勘定にくわしかったがためであるといって笑われた。

江戸幕府が敷いた封建社会を壊し、廃藩置県を断行して中央集権的な新国家をつくり始めた矢先です。長く続いた士農工商の身分制度は崩壊し、武士は職を失いました。四民平等の理念が掲げられ、侍《さむらい》の中には商人になったり農民になったりする者も出ました。元藩主であっても時流を見誤って財産を失い、落ちぶれていく者もいました。

大混乱の中、上も下も私心や欲望をむき出しにして利を争っていました。そのような時代が、人々の心から節義廉恥をそぎ落としていったのです。現代の世相と驚くほど似ています。

私は、今という時代は、明治維新と同じように、その潮目が大きく変わろうとしているときであろうと考えています。時代が音を立てて、大きく変わりつつあるときだからこそ、いったん立ち止まってでも、この国の大計について議論を尽くさなければならないと強く思うのです。

私は、すでに十分に豊かになった経済力を生かして、他の国々に対して「徳」をもって報《むく》いることができる国、言い換えれば「富国有徳《ふこくゆうとく》」の国をめざすべきだと思うのです。

明治以来一貫して続けてきた「国際競争」という比較のなかで、日本という国を軍事力や経済力をもって高く位置づけるのではなく、世界第二位の経済大国になった日本が、グローバルな時代の中で、いかに世界の他の民族と協調し、世界平和の一端を担《にな》っていくかを真剣に考える、そのような時代がきたと思うのです。

それは、地球の資源の有限性、さらには地球環境の汚染という、人類が直面している課題を前にしたとき、すでに先進国のなかでも、トップクラスの豊かさを実現している日本が、さらなる経済成長をめざすことが正しいことなのかと疑わざるを得ないからです。

また、小さな島国でしかない日本が、他の国家と協力、協調していかなくては生きていけないことも自明の理だと思うからです。

世界を見渡せば、貧困から脱するために、経済成長を国家の最大目標に掲げなければいけない国はまだたくさんあります。その国々が経済成長に伴って消費するエネルギー、資源は膨大《ぼうだい》な量にのぼるでしょうし、また経済成長につきものの環境汚染も起こることでしょう。そのようなことを考えるなら、すでに一足早く豊かになっている日本がなすべきことは、追いついてくる国を振り払うような、日本一国だけの経済成長至上主義ではないはずです。

これからの日本に求められるのは、お釈迦様が説かれた「足《た》るを知る」という生き方ではないでしょうか。もちろん、それは、持てる資産に安住満足し、何ら努力もせず、いうならば老成してしまったような、いわば枯れた生き方ではありません。

経済を例にとれば、ＧＤＰの総額は増えなくても、常に新しい産業が芽生え、古い産業が衰退していくという新陳代謝が行われる、たとえパイは拡大しなくても、健全でダイナミックさが決して失われることがない、そのような経済社会をめざすべきだと思うのです。

そして、その活気を持ち続ける経済力を生かして、また「徳」に基づく国家施策を通じて、世界の国々と協調し共存し、助け合っていくような国家をつくりあげるべきではないかと思うのです。

私はまた、そのような徳に基づく善き国家施策により、世界中の人にも尊敬され、信頼される国家をつくることは、日本に素晴らしい未来をもたらすものと考えています。

中国の古典『易経《えききょう》』に「積善《せきぜん》の家に余慶《よけい》あり」、つまり善行を積めばその家には必ず善いことがあるという一節があるように、日本が国家として善き行いに努めるならば、それはさまざまな外交懸案の解決の一助となり、日本に必ずや恩恵をもたらすに違いないと思うのです。

日本という国家に対する諸外国の見方が一変すれば、通商貿易問題での摩擦はおろか、中国や韓国との軋轢《あつれき》、さらには戦後長く解決の兆しさえ見えない領土問題など、日本をとりまく懸案の数々も、改善の方向に向かうのではないでしょうか。

その意味では、この徳に基づく国家運営こそが、日本の最大の安全保障策でもあると私は考えています。

第六章

覚悟

「命もいらず、名もいらず、官位も金もいらぬ人」

【遺訓三〇条】

命もいらず、名もいらず、官位も金もいらぬ人は、仕末に困るもの也。この仕末に困る人ならでは、艱難《かんなん》を共にして国家の大業は成し得られぬなり。去れ共、个《か》様《よう》の人は、凡俗《ぼんぞく》の眼には見得られぬぞと申さるるに付き、孟子に、「天下の広居に居り、天下の正位に立ち、天下の大道を行う。志を得れば民とこれに由《よ》り、志を得ざれば独りその道を行う。富貴も淫《いん》すること能わず、貧賤《ひんせん》も移すこと能わず、威《い》武《ぶ》も屈することと能わず」と云いしは、今仰せられし如きの人物にやと問いしかば、いかにもその通り、道に立ちたる人ならでは彼の気象は出ぬ也。

（訳）

命もいらぬ、名もいらぬ、官位もいらぬ、金もいらぬというような人は処理に困るものである。このような手に負えない大人物でなければ、困難を一緒に分かち合い、国家の大きな仕事を大成することはできない。しかしながら、このような人は一般の人の眼では見抜くことができぬといわれるので、それでは「孟子」の中に「天下の広居に居り、天下の正位に立ち、天下の大道を行う。志を得れば民とこれに由り、志を得ざれば独りその道を行う。富貴も淫すること能わず、貴賤も移すこと能わず、威武《いぶ》も屈すること能わず」（註　人は天下の広々としたところにおり、天下の正しい位置に立って天下の正しい道を行うものだ。もし、志を得て上げ用いられたら一般国民と共にその道を行い、もし志を得ないで用いられないときは、独りで道を行えばよい。そういう人はどんな富や身分もこれを汚すことはできないし、貧しく身分が低いことをもこれによって心のくじけることはない。また威武、つまり勢力の強いことをもって、これを屈服させようとしても決してそれはできない）とあるのは今、仰せられたような人物（真の男子）のことですかとたずねたら、いかにもその通りで、真に道を行う人でなければそのような精神は出ないものだと答えられた。

「命もいらず、名もいらず、官位も金もいらぬ人は、仕末に困るもの也」というくだりは、西郷のまさに本領という感じがします。彼自身が無私の人であり、自分を無にすることができました。無私の人とは、命もいらず、名もいらず、官位も金もいらない人、つまり欲を離れた人です。

その人に欲があれば、お金をあげよう、官位をあげようといえば簡単に動かせますが、欲のない、損得で動かない人間はいかにも扱いにくく、始末に困るものです。では、欲で動かない人は何で動くのかといえば、誠、仁、義といったもので動く。そういう人でなければ、困難をともに克服して、国家の大業をなすことはできないんだと、西郷はいっているわけです。

私は若い頃から、この「命もいらず、名もいらず、官位も金もいらぬ人は」というくだりが、大変好きでした。自分自身は決してそうはなれないのですが、そういうことを常に口ずさみながら、そうありたいと願っていました。

また、自分と一緒に新しい事業に取り組む人、本当に信頼できる仲間になってもらうべき人は、やはりこのくらいの人物であってほしいとも考えていました。しかし、実際にはなかなか、そのような人には出会えませんでした。

京セラの創業間もない頃の話ですが、年配の方が中途入社してくれました。京セラがまだ中小零細企業のときでしたから、私はその人に「汚くて地味な仕事をしてもらうけれども、私は理想を持っている。ファインセラミックスを日本の産業界になくてはならない材料にしていきたい。そのためには優れた加工技術がいる。だから、あなたに来てもらったんだ」と、ことあるごとに夢を語りました。

その人もたいへんな感激屋で、「素晴らしいことです。ともに頑張りましょう」といってくれたのです。また、コンパの席で酒を飲むと、

「私は社長のためなら命はいりません。死ねといわれれば、いつでも死にます」

と口癖のようにいうのです。私より五歳ほど年上の人でしたが、勇ましいことをいってくれて、なんとも頼もしく、本当に当てになる人だと思っていましたが、何かの拍子に簡単に辞めてしまわれました。

やはり口だけの人で、本物ではなかったのだと思いながら、遺訓のこの一節を読むと、「凡俗の眼には見得られぬぞ」と書いてあり、自らの不明を恥じました。

すでにご紹介したように、遺訓一条にこうあります。

「廟堂《びょうどう》に立ちて大政を為すは天道を行うものなれば、些《ち》とも私《わたくし》を挟みては済まぬもの也」

私心を捨て、私欲から離れること、つまり無私であるということが、国政をはじめ、人の上に立つリーダーの絶対条件であると喝破しています。そして、その究極の姿を描き出しているのが、この三〇条だと思うのです。

今の政治の世界を考えてみましょう。果たして、命も名誉も財産も何もいらないという困った人、「無私の精神」の政治家が何人いるでしょうか。政治に命を懸け、その挙句、資産の大半を失って、井戸と塀しか残らない、いわゆる「井戸塀《いどべい》政治家」はどこにいったのでしょうか。人口減少、高齢化に伴う年金や医療保険制度の危機もあれば、子どもの学力低下や凶悪犯罪の増加など、政治には難題が山積しています。小手先ではなく、将来を見据えた根本的な施策が求められているとき、西郷のような無私の精神に富むリーダーが出なければ、次の時代に日本は生き延びることができません。

富を生み出す国民から収奪《しゅうだつ》するのは本末転倒

日本の財政は今、破綻の危機に瀕《ひん》しています。地方を含めた「国の借金」は一〇〇〇兆円を超え、なおも増え続けています。もはや過去の延長線上には未来はないといっていいでしょう。本気で改革に取り組まなければ、近い将来、この国は本当にとんでもないことになってしまいます。

財政再建に携《たずさ》わる方々に反芻《はんすう》していただきたい遺訓があります。

【遺訓一四条】

会計出納《すいとう》は制度の由《よ》って立つ所、百般の事業皆これより生じ、経綸《けいりん》中の枢要《すうよう》なれば、慎《つつし》まずばならぬ也。その大体を申さば、入るを量《はか》りて出ずるを制するの外更に他の術数《じゅっすう》なし。一歳の入るを以て百般の制限を定め、会計を総理する者身を以て制を守り、定制を超過せしむべからず。否《しか》らずして時勢に制せられ、制限を慢《みだり》にし出ずるを見て入るを計《はか》りなば、民の膏血《こうけつ》を絞るの外ある間敷《まじく》也。然らば仮令《たとえ》事業は一旦進歩する如く見ゆる共、国力疲弊して済救《さいきゅう》すべからず。

（訳）

国の会計出納（金の出し入れ）の仕事はすべての制度の基本であって、あらゆる事業はこれによって成り立ち、国を治めるうえで最も要になることであるから、慎重にしなければならない。そのおおよその方法を申し述べるならば、収入をはかって支出をおさえるという以外に手段はない。一年の収入をもってすべての事業の制限を定めるものであって、会計を管理する者が、一身をかけて定《き》まりを守り、定められた予算を超過させてはならない。そうでなくして時の勢いにまかせ、制限を緩慢にし、支出を優先して考え、それにあわせて収入をはかるようなことをすれば、結局国民に重税を課するほか方法はなくなるであろう。もしそうなれば、たとえ事業は一時的に進むように見えても国力が衰え傾いて、ついには救い難いことになるだろう。

会計は、入るを計って出ずるを制する以外にない、と西郷はいいます。この当たり前の話が、当たり前とされなかったことが、今日の日本の国家財政の元凶《げんきょう》です。西郷にならって、国家経営の中枢である会計のあるべき姿を、今改めて声を大にしていかなければなりません。

現在の国の会計は、民間の企業会計とは大きく異なっています。国の財政は単年度決算で、いわゆる繰越金《くりこしきん》は認めず、入ってきたものは全部使わなければならないという、とんでもない会計制度になっています。

近年、貸借対照表《たいしゃくたいしょうひょう》のようなものも作り始めたのですが、いったいどれだけのものを得て、どれだけのものを持っているのかがはっきりしません。また、財務省は、国家の財政状況について、すべての数値を開示して、国民に知らせようとはしません。一方、民間企業は、たとえ何十兆円規模の売上げの企業でも細かい経費まで開示しなければなりません。

「福祉、国防などを手がける国家の経営を、企業の経営と同じレベルで論じるのはおかしい」と官僚や政治家はいいます。しかし、ちょっと待ってほしい。福祉も国防も、その支出が収入に見合わなければ、いずれ頓挫《とんざ》せざるを得ません。現に年金制度は破綻《はたん》寸前ではありませんか。

また増税が国政の俎上《そじょう》にのぼっています。急速に進む少子高齢化による社会保障費の増大を賄《まかな》うためにも、何らかの対策が求められています。明治の時代、西郷は、税をどのように考えていたのでしょう。

【遺訓 一三条】

租税を薄くして民を裕《ゆたか》にするは、即ち国力を養成する也。故に国家多端にして財用の足らざるを苦しむとも、租税の定制を確守し、上を損じて下を虐《しい》たげぬもの也。能《よ》く古今の事跡を見よ。道の明らかならざる世にして、財用の不足を苦しむ時は、必ず曲知小慧《きょくちしょうけい》の俗吏《ぞくり》を用い巧みに聚斂《しゅうれん》して一時の欠乏に給するを、理財に長ぜる良臣となし、手段を以て苛酷に民を虐《しい》たげるゆえ、人民は苦悩に堪《た》え兼《か》ね、聚斂を逃れんと、自然譎詐《きっさ》狡猾に趣き、上下互に欺《あざむ》き、官民敵讐《てきしゅう》と成り、終《つい》に分崩離析《ぶんぽうりせき》に至るにあらずや。

（訳）

税金を少なくして国民生活を豊かにすることこそ国力を養うことになる。だから国にいろいろ事がらが多く、財政の不足で苦しむようなことがあっても税金の定まった制度をしっかり守り、上層階級が損を我慢して下層階級の人たちを虐げたりしてはならない。昔からの歴史をよく考えてみるがよい。道理が明らかに行われない世の中にあって、財政の不足で苦しむときは、必ず偏《かたよ》った小賢《こざか》しい考えの小役人を用いて悪どい手段で税金を取り立て、一時の不足をのがれることを財政に長じた立派な官吏とほめそやす。そういう小役人は手段を選ばず、むごく国民を虐待するから、人々は苦しみに堪えかねて税の不当な取り立てからのがれようと、自然にうそ偽りを申し立て、また人間が悪賢くなって上層下層の者がお互いに騙し合い、官吏と一般国民が敵対して、しまいには国が分離崩壊するようになっているではないか。

国が財政的に困窮したとき、どうしても税を取り立てて財政を立て直していこうとします。これはどの国でもどの時代でも行われていることですが、西郷は「租税の定制を確守し」といっています。税金は、しょっちゅう上げたり下げたり変えていくようなものであってはいけない。国と地方自治体の活動を維持するために必要な費用から算出して定めた税制度を、単に財政が逼迫《ひっぱく》したからといって、みだりに変えたりするものではない、といっているわけです。

ところが、往々にして、お金が足りなくなれば小賢しい役人が登場して、税制をいじくり回して、無理矢理にでも税を取り立てようとします。そのような様を見れば、国民はまともに税金は払うまいという気持ちになり、互いに騙《だま》し合うようなことをして、国民と政府の相互の不信感が増してしまって、たいへんなことになるというのです。

実際に、会社を経営していると、税務署の方がよく調査にきます。税務署員は理屈をつけて税金を少しでも多く取っていこうとします。また、税理士や公認会計士の先生からは、「税務署員は、税務調査に来て手ぶらで帰るわけにはいかない。何かお土産がいるんですよ」

といわれた経験がある人も多いことでしょう。税務調査にきたけれども、一銭も取れるものがなかったら、役人としての面目《めんぼく》が立たないから、わざとなにがしかの瑕疵《かし》、間違いをつくって税金を取り立てられるようにしておく。要するに、税務署員に手柄を与える工夫がいるのだと教えてくれるのです。

地方の税務署には、ノンキャリアの税務署員がいて、その上は国家公務員試験に合格して、中央官庁である財務省に入った、まだ三〇歳少し過ぎくらいのキャリア組が、税務署長として赴任してきます。そして、自分の父親と同年代くらいの五〇歳代の税務署員を使って税金を取り立てに行かせます。

つまり、日本の徴税の実権を握る税務署長は、大衆がどのような苦労をして、どのような辛酸をなめながら必死で利益を出しているのかを知らないのです。

確かに日本の国家財政の現状は深刻です。そのため増税を必至と考え、ならば取れるところから取ろうという浅薄《せんぱく》な考えをもって、せっかく創意工夫を重ね、また汗水たらして何とか利益を出している企業から、もっと税金をむしり取ればよいと発言する人が出てくるのです。しかし、金の卵を産むニワトリを殺してしまったのでは元も子もありません。

国の富とはいったい何でしょうか。今の日本政府には、莫大な借金があるだけで、国有地がある、国有林があるといってもたかが知れたものです。各官庁が持っている建物もどれほどあるのか知りませんが、いずれにせよ政府の富というものは極めて薄いものでしかないはずです。

本来、国の富とは、我々国民が持っている富のことなのです。国民が持っている富を増やしていき、そこから税金であがってくるものこそが国を潤《うるお》わせていくのです。国民を虐《しいた》げ、その富を搾《しぼ》り取って国を運営していくことは、自分で自分を蝕《むしば》んでいくようなものです。

歳入不足があれば、必ず増税論議がかまびすしくなってきます。しかし、「租税を薄くして民を裕にするは、即ち国力を養成する也」と、西郷が喝破《かっぱ》したように、国民を富ませる努力こそが、国を本当に豊かにし、税制を確立することであるはずです。

西郷は、国防さえ、会計の範囲内で行うべきであり、決して虚勢《きょせい》を張ってはならないといいます。

【遺訓一五条】

常備の兵数も、亦《また》会計の制限に由《よ》る、決して無根《むこん》の虚勢を張るべからず。兵気を鼓舞《こぶ》して精兵を仕立てなば、兵数は寡《すくな》くとも、折衝禦侮《せっしょうぎょぶ》共に事欠く間敷《まじく》也。

（訳）

常備する兵数すなわち国防の戦力ということであっても、また会計の制限の中で処理すべきで、決して軍備を拡張して、からいばりしてはならない。兵士の気力を奮い立たせてすぐれた軍隊をつくりあげるならば、たとえ兵の数は少なくても外国との折衝にあたっても、また、侮《あなど》りを防ぐにも事欠くことはないであろう。

当時はロシアが南下し、朝鮮半島から日本をうかがっていました。またアメリカ、イギリスなどの欧米列強が軍艦を引き連れ、武力をもって日本に通商を迫っていました。そういう国際情勢でしたから、なんとしても軍備を増強しなければならなかったのです。

近代的な兵器を充実させ、日本の国防の万全をはかるべきだという世論が盛り上がっていました。金がなければ借金してでも国防を強化すべきという風潮にあって、手堅い西郷は、そうかもしれないが、やはり会計、経理、財政の許す範囲でしか、軍備を増強してはならない、虚勢を張って軍備を拡張してみたところで、かえって国がおかしくなってしまうと戒めたのです。兵士の数は少なくとも、また軍艦の数は足りなくとも、精鋭を育て上げれば、世界の強国から侮りを受けることはないはずだ、といっているのです。
あの図体から、西郷は血気盛んと受け取られるかもしれませんが、元来、非常に慎重な人であり、考えられないほど繊細な人でした。節度があり、慎重で石橋を叩いて渡るところがありました。

国家公務員とは
国民に対するサーバント

【遺訓三一条】

道を行う者は、天下挙《こぞっ》て毀《そし》るも足らざるとせず、天下挙て誉むるも足れりとせざるは、自ら信ずるの厚きが故也。その工夫は、韓文公が伯夷《はくい》の頌《しょう》を熟読して会《え》得《とく》せよ。

（訳）

正しい道義を踏んで生きていく者が、国中の人が寄ってたかってそしるようなことがあっても決して不満をいわず、また、国中の人がこぞってほめても決して自分に満足しないのは自分を深く信じているからである。そのような人物になる方法は韓文公《かんぶんこう》（韓退之《たいし》、唐の文章家）の伯夷《はくい》の頌《しょう》（伯夷、叔斉《しゅくせい》兄弟の節を守って餓死した文の一章）をよく読んでしっかり身につけるべきである。

正道をもって、政《まつりごと》を行おうとする者は、国民からたとえ非難されようが、ほめそやされようが、一時のことに一喜一憂することなく、自分の信じる道義を真正面から見すえ、国民のために正しい行政をひたすら行うべきだと西郷は説きます。

それは、まさに官僚、役人とは、国民に対する公僕として、国民のために奉仕することだけを堅守していかなければならないということです。

官僚、つまり国家公務員はいったい、誰のために仕事をしているのでしょうか。国家公務員は、パブリックサーバント、公僕《こうぼく》として、国民のためによかれと思われることを実行し、その生活を豊かで平安なものにすることが本来の職務であるはずです。

ところが、日本の社会は、もともと歴史的に「お上《かみ》意識」が強く、行政官には「国のために仕事をする」という考え方が深く根付いています。そのため、国家のために国民が犠牲になることも仕方がないと考えたり、国家経営を任されている自分たち行政官が国民を統治しているなどと錯覚しがちです。

しかし、国家公務員とは国家に対するサーバントではなく、あくまでも国民に対するサーバントであるべきなのです。行政官は、法案や制度の整備、運用にあたっても、「国民にとってよいことかどうか」という唯一の基準に従って、仕事を進めなくてはなりません。

中国の歴代王朝のなかで、唐の太宗《たいそう》は、貞観《じょうがん》の治《じ》（六二七〜六四九年）といわれる最も平安な時代を統治した中国史上最高の名君といわれています。日本ではちょうど聖徳太子の時代と重なります。その太宗の政治思想をまとめた書物が『貞観政要《じょうがんせいよう》』です。

『貞観政要』は、中国のみならず、日本においても政治の規範《きはん》として、また為政者の必読書として、広く長く読まれてきました。

その『貞観政要』の第一に挙げられているのが、

「君子たるの道は、まず百姓《ひゃくせい》を存すべし」

ということです。国王、つまり国民を治める立場にある国家指導者は、まず百姓、いわば国民大衆を慈しむ心を持ち、大切にしなければならないといっているのです。

続けて、

「百姓を損して、以って身斃《たお》る」

ともいっています。もし為政者が国民大衆を大切にするどころか、それをないがしろにして苦しい目に遭わせれば、その結果は為政者自身に及び、やがて自分が倒れることになるといっているのです。

次に、太宗は優秀な人材を官吏に登用する意味について言及しています。

「衣食、百姓より出ず。此れすなわち人力すでに上に奉ずるも、上の恩未だ下に被《こうむ》らざるなり、今、賢才《けんさい》を択《えら》ぶゆえんの者は、けだし百姓を安んずるを求むるがためなり」

我々の衣食は、国民大衆の労働の産物だ。これは、国民が我々為政者《いせいしゃ》に奉仕してくれているということだが、我々為政者側から国民に与える恩恵は未だ十分ではない。そのような中、優秀な人材を採用し、官吏に登用するということは、いうまでもなく国民に安寧《あんねい》な生活を送ってもらうためだ、ということです。

まさに至言《しげん》であり、中国史上にも稀《まれ》な太平天下をもたらしたのも、為政者にこのような考え方があったからです。

「卿等《けいら》、特にすべからく私《わたくし》を滅して、公にしたがい、堅く直道を守り」

とも記されています。つまり、高級官僚は、私心、利己心を拭《ぬぐ》い去って、社会のために尽くし、人間としての正しい道を貫いてほしい、と太宗が臣下に告げているのです。

「国の安からんことを思う者は、必ずその徳義を積む」

とも書かれています。これは、君主である自分を諫《いさ》める存在として、太宗が自分の側においていた魏徴《ぎちょう》という賢臣が太宗に述べた言葉で、国の安泰を望むなら、まずは為政者自身が徳義を積み、修養に努めることが大切だというのです。

つまり、国民を安んじる立場にある行政官は、その行政手腕のみならず、一個の人間としても徳を積んで高邁な存在になるよう努めなければ、国民から信を得て、国を治めていくことは難しくなるだろうと、君主に進言しているわけです。

太平の治世を実現するものは、やはり人であり、その考え方なのです。

第七章

王道

正道を踏んで勇気をもって交渉に当たれ

現在、超大国のアメリカがイラク戦争でつまずき、新たな世界秩序が模索《もさく》されるなど、世界情勢は急速に変化しています。そうした環境の下で、日本はどのようにして世界各国と向き合っていけばよいのでしょうか。我々自身がしっかりと考え抜き、世界に示すべきときが来ています。

国の内政も外交も、基本となるのは正道を踏むことです。策略をもって相手を貶《おとし》めようとすれば、同じ仕打ちがこちらにも返ってきます。力をかさに着て我《が》を通せば人の心は離れます。相手の顔色をうかがい迎合すれば信用は得られません。それは、国と国との関係でも同じです。毅然《きぜん》とした態度で臨み、正道を踏むことによってこそ、本当の信頼関係を築くことができるのです。

西郷がいう「正道」とは、我が国にとって正しい、また自分にとって正しいということではなく、天に恥じることのない、人間として正しい道という意味です。

【遺訓一七条】

正道を踏み国を以て斃《たお》るるの精神なくば、外国交際は全《まった》かるべからず。彼《か》の強大に畏縮し、円滑を主として、曲げて彼の意に順従する時は、軽侮《けいぶ》を招き、好親却《かえっ》て破れ、終《つい》に彼の制を受くるに至らん。

（訳）

正しい道を踏み、国を賭しても倒れてもやるという精神がないと、外国との交際はこれをまっとうすることはできない。外国の強大なことに恐れ、ちぢこまり、ただ円滑に事を納めることを主眼にして自国の真意を曲げてまで外国のいうままに従うならば、侮《あなど》りを受け、親しい交わりがかえって破れ、しまいには外国に制圧されるに至るであろう。

外交交渉は正道、天道を踏んで、勇気をもって交渉しなければならない。たとえ戦争になって国が倒れるかもしれないという危険性があっても、正道を推《お》し進めて交渉事をすべきで、恐れおののいて節を曲げてはいけない、外国から理不尽なことをいわれても、あくまでも道義を貫いて主張すべきは主張すればいい。西郷はこういっているのです。

しかし現実は、政治家や官僚は何かあると、すぐに「国益」を持ち出し、それを守るために、策を弄しようとします。しかも、語られている国益の実態は「国の面子《めんつ》」ぐらいの意味しかありません。外国に侮辱されてはいけないと、体面をつくろう。これは、ばかばかしいことだと私は思います。

そのような無意味な国益を第一に考えるという発想から、日本人は脱却《だっきゃく》すべきです。世界に冠たる経済大国としての地位を守ろうということを含め、戦後六〇年で形作ってきた固定した価値観から脱して、新しい国のあり方、外交のあり方を考えるべきときだと思います。

遣韓《けんかん》使節論をめぐって西郷の真意は誤解されている

【遺訓一八条】

談《だん》国事に及びし時、慨然《がいぜん》として申されけるは、国の陵辱《りょうじょく》せらるるに当たりては、縦令《たとえ》国を以て斃《たお》るる共、正道を践《ふ》み、義を尽すは政府の本務也。然るに平日金穀《きんこく》理財の事を議するを聞けば、如何なる英雄豪傑かと見ゆれ共、血の出る事に臨めば、頭を一処に集め、唯目前の苟安《こうあん》を謀るのみ。戦の一字を恐れ、政府の本務を堕《おと》しなば、商法支配所と申すものにて更に政府には非《あら》ざる也。

〔訳〕

話が国の事に及んだとさ、たいへん嘆かれていわれるには、国が外国からはずかしめを受けるようなことがあったら、たとえ国全体でかかって倒れようとも正しい道を踏んで道義を尽くすのは政府のつとめである。しかし、金銭や穀物や財政のことを議論するのを聞いていると、何という英雄豪傑かと思われるが、血の出るような問題になると鳩首《きゅうしゅ》して、ただ目の前の気休めだけをはかるばかりである。戦の一字を恐れ政府本来の任務をおとすようなことがあったら商法支配所、すなわち商いの元締めというようなもので、一国の政府ではないというべきである。

江戸幕府の時代には朝鮮使節団が定期的に日本を訪問するなど、日本と朝鮮は親交がありました。ところが、明治政府になって、朝鮮政府が西洋文化に浮かれたような日本を軽蔑するようになります。素晴らしい東洋の文化、つまり儒教や仏教に裏打ちされた高度な文明を誇っていた日本が、西洋かぶれしている。洋服を着てハイカラになり、鹿鳴館《ろくめいかん》でダンスを踊っているのみならず、その精神までをも西洋に売り飛ばし、堕落したというわけです。

そのため、日本政府が通商問題で使節団を朝鮮に送ったとき、朝鮮側は交渉を拒否しました。日本政府は侮辱《ぶじょく》された、外交的に面子《めんつ》を失ったと怒ります。そんな非礼なことをするなら、軍艦に兵隊を乗せて強行談判すべきだという論が起こります。そこで、西郷が「私が行く」といったのです。

「兵隊も連れなければ、軍艦にも乗らない。私ひとりが丸腰で行き、正道を踏んで、朝鮮政府をただす。そんな非礼はおかしいと相手の非を分からしめるように話せば、理解してくれるはずだ」というのが西郷の立場でした。

　ところが、丸腰で行くという西郷に、政府内から反対の声が湧き起こります。

「あなたが行けば殺される。正しいことを正しいと突っぱねただけでは受け入れられないに決まっている。やはり軍を率い、軍艦に乗って国の威信をかけて交渉すべきだ」

「それでは相手を威嚇《いかく》してしまう。その結果、心ならずも戦争になってはたいへんなことになる。戦争が目的ではない。私がひとりで行く」

「殺されたら、どうするのか?」

「殺されたら本望だ。私を殺すような非礼を朝鮮がするなら、そのときこそ兵隊を連れて行って戦えばいい。最初から兵隊を連れ、けんか腰で押しかけたのでは、戦争になってしまう。戦争を意図するのではない」

　こうした一連の流れが、遺訓一八条の背景にあるわけです。議論をするときには英雄豪傑みたいなことをいっているけれども、殺されてもいいから単身丸腰で行くと西郷がいったら、「いかん、いかん。血をみるかもしれない」と、明治の元勲《げんくん》たちがみんな震え上がってしまったと、西郷は嘆いたのです。

また、そのときの「もし殺されれば、そのときに戦端を開けばいい」という西郷の発言がひとり歩きして、朝鮮をやっつけるために「征韓論」をぶったと誤解されることになってしまったのですが、西郷の本意は、そんなところにはなかったのです。

世界で尊敬される上質な素封家《そほうか》国家の道を歩け

人種、民族、歴史、制度が違う、主義、主張、イデオロギーが異なる外国との関係は、いまも昔も変わらず難しいものです。そこでそれぞれが国益を持ち出せば、まとまるものもまとまりません。国家同士が我を押し通そうとするのですから、衝突するのは当たり前です。近年の日本と中国や韓国との関係をみても、そうした傾向が懸念されます。

しかし、相互の違いばかりが際立つ世界にも万国共通のものがあります。正義、公平、公平、博愛、誠実等々、人として最も基本的な価値観であり、道徳律です。

【遺訓九条】

忠孝仁愛《ちゅうこうじんあい》教化《きょうか》の道は政事の大本にして、万世に亘《わた》り宇宙に弥《わた》り易《か》うべからざるの要道也。道は天地自然の物なれば、西洋と雖《いえど》も決して別なし。

（訳）

忠孝（親を大事にして子としての義務を尽くすこと）、仁愛（他人に対してめぐみいつくしむこと）、教化（教え導いて善に進ませること）という三つの道徳は、政《まつりごと》の基本で、未来永劫、また世界のどこにおいても変えてはならない大事な道である。道というものは天地自然のもので、たとえ西洋であっても決して区別はないのである。

国を治めるリーダーが、忠孝、仁愛、教化の三つの徳を信条にするなら、お互いに分かり合うことも難しくないはずです。人間としてどうあるべきかということに立脚して話せば、国家間の争い事の大半は解決できると思うのです。功利的にまた巧妙に謀《はか》ろうということではなく、お互いに「人間としていかにあるべきか」という一点に立脚《りっきゃく》して、率直に話し合う。それは国家と国家の関係においても、決して夢物語ではないと私は信じています。

私は二〇〇四（平成一六）年に中国共産党の幹部クラスが学ぶ中央党校という教育機関で、「伸びゆくリーダーの方々へ」と題して講演する機会がありました。

中国は一〇年後、二〇年後には、世界が驚くような経済大国に成長していることでしょう。同時に、軍事的にも強大な力を持つようにもなるでしょう。そういう状況の中で、中国が今後どのような道を歩もうとしているのかは世界の一大関心事であり、今後の世界の動向を左右する鍵となります、と述べた後、今後中国は世界有数の大国としてふさわしい思いやりの心を持ち、謙虚に、近隣諸国と接することが求められますと、そんな注文までつけて、私は講演を結びました。

その中で、一九二四（大正一三）年一一月二八日に神戸で開催された演説会での中国革命の父、孫文《そんぶん》の次のような発言を紹介しました。

「西洋の物質文明は科学の文明であり、武力の文明となってアジアを圧迫しています。これは中国で古来言われている覇道《はどう》の文明であり、東洋にはそれより優れた王道の文化があります。王道の文化の本質は道徳、仁義です。

あなた方日本民族は、欧米の覇道の文化を取り入れていると同時に、アジアの王道文化の本質も持っています。日本がこれからのち、世界の文化の前途に対して、いったい西洋の覇道の番犬となるのか、東洋の王道の干城《かんじょう》（盾と城）となるのか、あなた方日本国民がよく考え、慎重に選ぶことにかかっているのです」

「残念ながら、日本は一瀉千里《いっしゃせんり》に覇道を突き進み、一九四五年の破局を迎えました。中国にはぜひとも王道を歩んでいただきたい」、私は講演をそう締めくくりました。

その日の夕方、曾慶紅《そうけいこう》国家副主席と会談をしました。曾副主席は私の講演原稿を読んでおられて、胡錦濤《こきんとう》国家主席や党幹部に配られたといいます。そして、次のようにおっしゃいました。

「稲盛さん、我が国は決して覇権の道は歩きません。王道を歩んでいきますから安心してください」

日本からやってきた一介の企業経営者が、中国の国家としての針路に意見したというのに、曾副主席は嫌な顔もせずに満面の笑顔を浮かべ、そう強く言われました。私は副主席

と握手を交わしながら、

「日本の方こそ、王道を歩む覚悟を決めなければならない」

と、逆に思い知らされた瞬間でした。

外交というものは、国家間の利害対立の中で、互いに権謀術数《けんぼうじゅっすう》を尽くし国益を争うものだと一般には考えられています。しかし、西郷は、「忠孝」と「仁愛」と「教化」という、いわば人間の「徳」を、外交の世界にも持ち込もうとしたのです。私も決してそれは間違いではないように考えています。人間として相互理解を深めようという努力をするのか、しないのかによって、外交の結果に大きな違いが出ると思うのです。

西郷は生涯、洋行をすることがありませんでしたが、仮に西洋をその目で見ていたとしても、その信念がぶれることはなかったでしょう。何か新しいものを見たからといって、考え方が根底から変わるというような底の浅い人間ではありませんでした。

西郷は、人間としてどうあるべきか、という原点から物事を見ていたので、軽佻浮薄《けいちょうふはく》に流されるようなことは決してなかったはずです。

だからこそ、西郷は日本に流れ込んでくる欧米の技術や文化を冷静に見つめることができたのです。

【遺訓一〇条】

人智を開発するとは、愛国忠孝の心を開くなり。国に尽し家に勤むるの道明らかならば、百般の事業は従て進歩すべし。或いは耳目《じもく》を開発せんとて、電信を懸《か》け、鉄道を敷き、蒸気仕掛けの器械を造立《ぞうりつ》し、人の耳目を聳動《しょうどう》すれ共、何故電信鉄道の無くては叶わぬぞ、欠くべからざるものぞと云う処に目を注がず、猥《みだ》りに外国の盛大を羨《うらや》み、利害得失を論ぜず、家屋の構造より玩弄物《がんろうぶつ》に至る迄、一々外国を仰ぎ、奢侈《しゃし》の風を長じ、財用を浪費せば、国力疲弊《ひへい》し、人心浮薄に流れ、結局日本身代《しんたい》限りの外ある間敷《まじ》き也。

(訳)

人間の知恵を開きおこすというのは愛国の心、忠孝の心を開くことである。国のために尽くし、家のために勤めるという人としての道が明らかであるならば、すべて事業はそれにつれて進歩するであろう。あるいは、世の中には耳で聞いたり目で見たりする分野を開発しようとして電信をかけ、鉄道を敷き、蒸気仕掛の機械を造って、人の目や耳を驚かすようなことをするけれども、どういうわけで電信、鉄道がなくてはならないか、また人間生活に欠くことのできないものであるかということに目を注がないで、みだりに外国の盛大なことをうらやみ、利害得失を論議することなく、家の造り構えから玩具類に至るまで一々外国の真似をし、身分不相応に贅沢な風潮をあおって財産を無駄遣いするならば、国の力は衰え、人の心は浅はかで軽々しくなり、結局日本は破産するよりほかないであろう。

現代は、アメリカ型の大量生産、大量消費が経済成長の前提になっています。新しい物が出ればどんどん買い替えて古い物は捨てるというように、まるで消費が美徳であるかのように礼賛されてきました。使い捨てだろうと、浪費だろうと、消費が拡大しなければ経済が伸びないのだというわけです。この国は、華美を慎み、物を大切にする「もったいない」という美徳の心をどこかに置き忘れてしまったかのようです。

しかし、消費に消費を重ねることによって経済成長を続ける旧来モデルは、抜本的な転換を迫られています。日本経済が、今後永遠に成長を続けることは不可能ですし、そもそも地球環境を考えるとき、そのような際限のない経済成長はもはやあり得ないはずです。

今、日本が上質な国家として存在していられるかどうかが問われているのです。国家としての経済力でいえば、やがてGDPで中国に抜かれるのは間違いないでしょう。経済の規模を競い合っても仕方がない。それよりも、急速に発展する中国をはじめ諸外国と連携しながら、どうすれば世界に貢献できるかを考えることが必要です。

私は、第五章で述べた「富国有徳」の国を、今後日本はめざすべきだと考えています。また、その「富国有徳」の国家イメージを、かつての素封家《そほうか》になぞらえ描いています。

昔、地方の町や村には、篤志家《とくしか》、素封家といわれる家がありました。大金持ちというわけではないけれどもそこそこの資産を有し、先祖代々続いた歴史を持ち、教養があり、冒し難い気品と威厳に満ちていました。何よりも、ギラギラした欲がなく、権力へのこだわりもなく、貧しい家の子に学費を出してあげるなど、人々のために尽くすことで、人々から尊敬を集めていました。

私は、世界という村の中で、日本がそんな素封家のような存在になるべきだと思うのです。そうすれば、日本人は世界中からもっと尊敬と信頼を受けることができるに違いありません。私は、それこそが日本という国家がとるべき「王道」であろうと思います。

第八章
真心

純粋な真心をもつ至誠《しせい》の人になれ

西郷は、人間の真っ直ぐな心というものが最も大切であると考え、自分自身が率先垂範、真心を貫く人でありました。江戸から明治という時代の大きな変わり目にあたり、人の心から誠が失われていく様を嘆き、こんな言葉を弟子たちに遺しています。

それは、今も変わることはありません。現代の殺伐《さつばつ》とした世相にあっても、人は利害得失や欲望だけによって動くものではない、純粋な心こそが一番強いものだということを、私も固く信じています。

【遺訓三七条】

天下後世迄《まで》も信仰悦服《えっぷく》せらるるものは、只是一箇《これいっこ》の真誠《しんせい》也。古《いにしえ》より父の仇を討ちし人、その麗《か》ず挙《あ》げて数え難き中に、独り曾我《そが》の兄弟のみ、今に至りて児童婦女子迄も知らざる者のあらざるは、衆に秀でて誠の篤《あつ》き故也。誠ならずして世に誉《ほ》めらるるは、僥倖《ぎょうこう》の誉《ほまれ》也。誠篤ければ、縦令《たとえ》当時知る人なく共、後世必ず知己《ちき》あるもの也。

（訳）

この世の中でいついつまでも信じ仰がれ、喜んで服従できるのはただひとつ人間の真心だけである。昔から父の敵《かたき》を討った人は数え切れないほどたくさんいるが、その中でひとり曾我兄弟だけが、今の世に至るまで女子子どもでも知らない人のないくらい有名なのは、多くの人にぬきんでて真心が深いからである。真心がなくて世の中の人からほめられるのは偶然の幸運に過ぎない。真心が深いと、たとえその当時、知る人がなくても後の世に必ず心の友ができるものである。

西郷らしい言葉です。若き西郷が、薩摩藩で初めて就いた役職は「郡方書役助《こおりかたかきやくたすけ》」というもので、農民から年貢を取り立てる役回りでした。過酷な租税に苦しんでいる農民を見て、西郷は徴税《ちょうぜい》の猶予《ゆうよ》を上司に願い出たりして、いつも民の側に立ちました。厳しい身分制度の時代に、それは非常に勇気ある行動だったはずです。

先に述べたように、安政の大獄で追っ手に追われる勤王僧月照をかばい、薩摩藩主に保護を願い出るもかなわずと悟るや、ともに錦江湾に身を投げました。島流しにされた苦難のときにも、島の子どもたちに古典を教え聞かせました。官軍の司令官としても、勝海舟と直談判して、江戸城無血開城を成し遂げました。さらには、佐幕派《さばくは》として最後まで恭順《きょうじゅん》の意を示さなかった庄内藩を降伏させたときも、同じ武士として寛大で礼節ある態度を貫きました。

その行動原理の奥底には、いつも至誠の心がありました。策略でもなく、機略でもなく、そのあまりに純粋な真心が多くの人々を動かしたのです。

遺訓にある「曾我兄弟」については、今はほとんど語られませんので、少し説明が必要です。

これは鎌倉時代の仇討《あだう》ちの物語です。現在の伊豆地方の所領をめぐる諍《いさか》いから父を殺された幼い兄弟が、母の再婚で姓を変え、苦渋の生活を強いられながらも、父の仇を二〇年近く忘れず、ついに仇討ちを果たす物語です。兄弟は夜襲のために、亡き父が使った番傘《ばんがさ》を焼いて松明代わりにしました。昔の薩摩藩では子弟教育の一環として、曾我兄弟が仇討ちを果たした旧暦五月二八日に、古い番傘を焼いて、親や主君に対する忠孝の心を称《たた》えました。

私が子どもの頃は、戦時中でしたけれども、まだその名残があって、曾我兄弟の討ち入りの日には学校が終わると、子どもたちは学舎《がっしゃ》と呼ばれる、鹿児島独特の郷中《ごじゅう》教育の学び舎《や》ごとに集まりました。

そして、近くの甲突川《こうつきがわ》のなかに台場を作り、子どもが一軒一軒家を回って古くて壊れた番傘をもらい歩いて何十本も積み上げます。男子は皆、兵児帯《へこ》と白い鉢巻きを締め、女子は赤い陣羽織《じんばおり》姿でした。日が落ちかけた頃、傘の山に火をつけるのです。

燃え上がる炎を取り囲み、「そもそも曾我の兄弟《はらから》は～」と歌いながらその周りを回ります。川沿いにいくつもの炎が上がって夜空を焦《こ》がす光景は幻想的で、それはそれは美しかったものです。鹿児島の夏の風物詩でした。

仇討ちの是非は別にして、人間の真心には何百年にもわたたって後世に語り継がれ、多くの人々の心を感動させるような力があります。才能や知識だけでは、人の心を共鳴させることはできないのです。人はカネのためでなく、名誉のためでもなく、権勢欲のためでもなく、真心によって突き動かされたときにこそ、どんな困難にも負けることなく、最大の力を発揮して立ち向かうことができるのです。

【遺訓三九条】

今の人、才識《さいしき》あれば事業は心次第に成さるるものと思え共、才に任せて為す事は、危くして見て居られぬものぞ。体ありてこそ用は行わるるなり。肥後の長岡先生の如き君子は、今は似たる人をも見ることならぬ様になりたりとて嘆息《たんそく》なされ、古語を書いて授けらる。

夫天下非誠不動　非才不治　誠之至者　基動也速　才之周者　其治也広　才与誠合　然後事可成

（訳）

今の世の中の人は、才能や知識だけあればどんな事業でも心のままにできるように思っているが、才にまかせてすることはあぶなっかしくて見てはおれないくらいだ。しっかりした内容があってこそ物事は立派に行われるものだ。肥後の長岡先生（長岡是容監物《これかた》、一八一三〜一八五九）のような立派な人物は今は似た人も見ることはできぬようになったといって嘆かれ、昔の言葉を書いて与えた。

それ天下誠に非ざれば動かず、才に非ざれば治まらず、誠の至る者その動くや速し。才の周《あまね》き者その治むるや広し。才と誠と合し然る後事を成すべし

（註　世の中のことは真心がない限り動かすことはできない。才識、つまり才能と識見がない限り治めることはできない。真心に徹するとその動きも速い。才識があまねく行き渡っていると、その治めるところも広い。才識と真心が一緒になった時、すべてのことは立派にできあがるであろう）

「今の人」というのは、二一世紀の初めに生きる私たちととらえてもいいと思います。西郷は、知識を身につけ、能力を磨くことが悪いなどとはいっていません。ただ才識だけを振りかざしても、誠の心がなければうまくいかないといっているのです。しかし、往々にして、人は才識ばかりを求めがちです。

昨今、ＩＴ関連のベンチャーに象徴されるように、才覚を生かし彗星のように登場して、創業からわずか数年で株式上場を果たし、キャピタルゲインを何十億円何百億円も得て、時代の寵児《ちょうじ》のようになっている若い経営者がたくさんいます。しかし、不祥事によって表舞台から姿を消す人も後を絶ちません。

やはり、才識だけでは長続きしないのです。先にも述べたように、誠《まこと》の心が欠けた事業は、人の血が通わない冷たいものになってしまい、従業員や取引先、また社会の共感や協力が得られなくなってしまうのです。さらに、誠の心を持たない経営者は、小賢しい策略に走るようになり、やがて道を誤り、せっかくの成功も長続きしないのです。

西郷は、このように警鐘を鳴らしています。

【遺訓三五条】

人を籠絡《ろうらく》して陰《いん》に事を謀《はか》る者は、好《よ》しその事を成し得る共、慧眼《けいがん》よりこれを見れば醜状著《しゅうじょういちじ》るしきぞ。人に推《お》すに公平至誠《しせい》を以てせよ。公平ならざれば英雄の心は決して攬《と》られぬものせ。

（訳）

人をごまかして、陰でこそこそ事を企てる者は、たとえその事ができあがろうとも、物事をよく見抜くことができる人がこれを見れば、醜《みにく》いことこの上もない。人に対しては常に公平で真心をもって接するのがよい。公平でなければ、すぐれた人の心をつかむことはできないものだ。

西郷は人格者でしたから、「事大小と無く、正道を踏み至誠を推し」遺訓七条にあったように、正しい道を貫くことを、日常茶飯、口にもし、実践もしていました。そんな西郷ですから、「醜いことこの上もない」といったのでしょうが、「うそ」をつき「策」をめぐらせることが、結局は功を奏さないということは、現代においても通じる真理です。

ところが、いざ難しい局面に立てば、策略を用いてでも、事を成そうとする人が実際には多いものです。あるいは策を弄しなければ、事はうまくいかないなどと考える人も少なくありません。しかし、西郷はそんな小賢しい策略を用いれば、物事は必ずうまくいかなくなる、それは明々白々なことだと断言しています。

私も、その通りだと思います。たとえば、昨今頻発している企業不祥事では、発端に必ず何らかの「うそ」があります。それは、粉飾決算であったり、リコール隠しであったり、さらには賞味期限の偽装であったりします。そしてその「うそ」を繕《つくろ》うように、「策」をめぐらせるのです。

しかし、内部告発などで暴露され、記者会見などで追及されていくうちに、何とかいい逃れをしようとしても、次々とボロが出てきて、ついには「うそ」や「策」のすべてが明るみに出て、厳しい社会的制裁を受けたり、さらには関係者が刑事罰を受けるという事態になるのです。

歴史ある老舗大企業グループがそのようにして解体されていったこともありましたが、そのような例も、最初は老舗企業の看板を守ろうとして、経営陣が行った小さな「うそ」が発端でした。ところが、さらに厳しい局面を迎えたときには、会計事務所まで巻き込んだ組織的な粉飾決算という、大きな「策」を弄するようになり、やがて企業自体を破綻に至らせてしまったのです。

西郷がいっているように、最初から正道を踏んでいれば、またせめて途中からでも至誠《しせい》を推し通すよう軌道修正をしていれば、企業の存亡を左右するような事態にはならなかったはずです。

なぜ、「正道を踏む」ことができなかったのか。それは、正道を貫くことは難しく、そして勇気がいるからです。

正道を踏むということは、曲がったことをせず、何事にも筋を通そうとするだけに、多くの人を説得する必要もあり、面倒くさいことです。また、自分が正道を踏み外していることに気づき、正道に戻ろうとしたときには、自分から頭を下げなければなりません。反対に、策略を用いれば、楽に思えるうえに、うまくいきそうにも見えます。

しかし、そうではありません。長い目で見れば、正道を貫くことが、一番楽なことなのです。なぜなら、繕い隠そうとするものが何もないからです。自分の名誉や地位、財産などにこだわりがあり、それを必死に守ろうとして、複雑怪奇な策略を企てる、そんなことをするものだから、みんな憔悴《しょうすい》してしまうのです。

一方、「そんな下らないものは何もいらない」と思えるようになれば、策など一切弄する必要はありません。これが一番簡単で楽なことなのです。

ただし、それには、自分というものを無にしていかなければなりません。これがたいへん難しく、勇気がいることなのです。西郷は、この人間にとって一番難しい、「無私」ということを、その生涯で貫くことができた、希有な人物です。

そんな「無私」の心があればこそ、その人生で「真心」を尽くし、至誠を貫くことができたのです。また、だからこそ、生前に多くの人の心を魅了したばかりか、没後も遺訓を通じて、後世に指針を与え続けているのです。

第九章
信念

ルールや制度を整備しても不正はなくならない

西郷が百年以上も前に語った教えが、まるで現代を生きる私たちに直接語りかけているかのように新鮮な響きを放つのはなぜでしょうか。それは、西郷が一貫して「人間」というもののあり方を説いているところに、鍵があります。次の遺訓もそのことの重要性を教えてくれています。

【遺訓二〇条】

何程制度方法を論ずる共、その人に非《あら》ざれば行われ難し。人ありて後方法の行わるるものなれば、人は第一の宝にして、己れその人に成るの心懸け肝要なり。

（訳）

どんなに制度や方法を議論しても、それを説く人が立派な人でなければ、うまく行われないだろう。立派な人があってはじめていろいろな方法は行われるものだから、人こそ第一の宝であって、自分がそういう立派な人物になるよう心がけるのが何より大事なことである。

前章に続き、企業不祥事を考えてみたいと思います。

企業不祥事が頻発し、世間を騒がせているのは、日本だけのことではありません。アメリカでも、二〇〇一年から二〇〇二年にかけて、エンロンやワールドコムという巨大企業が不正を働いた結果、一夜にして崩壊をするという衝撃的な事件がありました。

アメリカではその後、そのような企業の不正を防止するために、「サーベンス・オクスリー法（SOX法）」（通称・企業改革法）という法律を制定し、その遵守《じゅんしゅ》を上場企業に課しています。これは、たいへん広範かつ詳細な領域にわたり、企業活動を厳しく規定するものです。ニューヨーク証券取引所に上場している京セラもその対象なのですが、その遂行にあたって、膨大な事務作業を伴うなど、企業にもたいへんな負担を強いるものです。

企業統治に向けた、このような取り組みは、がんじがらめのルールや仕組みをもって、企業の不正を未然に防止しようとするものです。しかし、果たして、それで根本的な問題解決になるのでしょうか。私はそうは思いません。不正防止にあたって一番大切なことは、西郷の「何程制度方法を論ずる共、其人に非ざれば行われ難し」というこのひと言に尽きます。

ルールや制度をつくり、いくらそれを守らせようとしても、その網の目をかいくぐろうとする人間が必ず出てくるでしょうから、決して不正行為が根絶することにはならないはずです。ルールや制度ではなく、人の心に焦点を当てなければ、問題の根本的な解決にはならないのです。

『論語』に「道之以政、齋之以刑　民免而無恥（これを導くに政をもってし、これをととのふるに刑をもってすれば、民免れて恥なし）」という言葉があります。これは、「法律をつくり、その法律を犯せば厳罰に処するというような罰則規定を設ければ事は済むと思っているかもしれないが、国民は恥じることなく、その法律、刑罰から逃れることを考え、行うようになる」という意味です。

やはり、人間としての原点に立ち返り、正しい道を踏んで、あらゆる物事を進めていくようにしなければならないのです。

私は、とりわけ企業という集団を指導する立場にある、リーダーの資質を問うことが、企業の不祥事を克服するために、今最も大切なことであると考えています。リーダーが率先垂範、人格を高め、それを維持し続けることが、現在の企業統治の危機にあたって、最も根本的な解決策であると思うのです。

ところが一般には、企業のリーダーの資質としては、人格も必要だけれども、それ以上に才覚と熱意の方が重要だと考えられています。

実際に現在のビジネス界を見るとき、ベンチャーを興し、大成功を収める創業者型の経営者も、また大企業で出世の階段を登り詰め、社長に就任し、その企業をさらに飛躍させる中興の祖というべき経営者も、いずれにしても成功した経営者は、まさに才気煥発《かんぱつ》、才覚に溢れ、企業を発展させようとする、並々ならぬ熱意の持ち主ばかりです。

彼らは斬新な技術開発、マーケティング手法、経営戦略など、ビジネスでの才覚を駆使するだけではなく、燃えるような情熱を持ち、果てしのない努力を重ね、事業を成長発展へと導いていきます。証券アナリストや投資家たちも、そのような才覚に溢れ、努力を惜しまない経営者が率いる企業を高く評価し、結果として、高い株価を示すようになります。しかし、彗星《すいせい》のように登場しながらも、その後、我々の前から去っていった多くの新進気鋭の経営者や企業を見るにつけ、才覚や努力だけで評価をしてはならないと、私は強く思います。

「才子　才に溺《おぼ》れる」ということが古来いわれます。才覚に恵まれた人は、その並外れた才能をもって大きな成功をおさめるけれども、その才覚を過信すれば、あるいはその使い方を誤れば、やがて破綻に至るということを先人は説き、戒めとしてきたのです。やはり、人並み外れた才覚や努力の持ち主であればあるほど、その強大な力をコントロールするものが必要となるわけです。

それが「人格」です。人格こそが、才覚をコントロールすることができるのです。もし、その人格に歪《ゆが》みがあれば、才覚や熱意を正しい方向へと発揮させることができず、結果として誤った方向に経営の舵取りを行ってしまうのです。

もちろん、多くの経営者も、人格が大切だということくらいは知っています。しかし、その人格とはどのようなものであり、どうすればそれを高め、維持できるのかということを理解してはいません。そのために、いったんは成功を収めながらも、繁栄を維持できない経営者が後を絶たないのです。

では、「人格」とは何なのでしょう。人格とは、人間が生まれながらに持っている性格と、その後の人生を歩む過程で、その人が学び身につけていった哲学から成り立っている、と私は考えています。つまり、その人の先天的な性格に、後天的に学び加えられた哲学によって、人格というものが形成されていると考えているわけです。

先天的な性格とは人様々で、ある人は強気であったり、弱気であったり、また強引であったり、慎重であったり、さらにはエゴイスティックであったり、思いやりに溢れていたり、まさに人それぞれ千差万別です。もし、人生の途上で素晴らしい哲学を身につけることができないとすれば、持って生まれた性格が、そのままその人の人格となります。そして、その人格が才覚や努力の向かう方向を決めてしまいます。

そうだとすれば、その人にはどういうことが起こるのでしょうか。もし、生まれながらにエゴイスティックな性格を持ったリーダーが、素晴らしい才覚を持ち、誰にも負けないような努力を重ねたなら、成功することは可能でしょう。しかし、人格に問題があるがために、社員の造反を招いたり、取引先の協力を得られなくなったり、さらには私利私欲のために不正を働いてしまうというようなことも起きるかもしれません。そのために、成功を永続させることができなくなってしまうのです。

残念ながら、誰しも持って生まれた性格は完全なものではありません。だからこそ、後天的に素晴らしい哲学を身につけ、人格を高めようと努力する必要があるのです。特に多くの社員を雇用し、社会的にも大きな責任を負っている経営者は、できる限り人格を高め、それを維持しようと努力することが求められるはずです。

身につけるべき素晴らしい哲学とは、歴史という風雪に耐え、人類が長く継承してきたもので、人間のあるべき姿、持つべき考え方を明らかにし、我々によき感化を与えてくれる聖賢の教えのことです。ただし、留意すべきことは、知っていることと実践できるということは違うということです。

たとえば、キリストの教え、釈迦の教え、ギリシア哲学、中国の孔孟《こうもう》の教えにしても、みんな知識としては理解しています。しかし、そのような教えも、知識として持っているだけでは価値がないのです。リーダーにとって必要なことは、そのような人間のあるべき姿を示した素晴らしい哲学を繰り返し学び、それを理性で理解するだけではなく、常にその実践をはかるようつとめることです。

そうすることによって、自分がもともと持っていた性格の歪みや欠点をはじめて修正することができ、新しい人格、いうならば「第二の人格」をつくりあげることができるのです。つまり、素晴らしい哲学を繰り返し学び、自らの血肉としていくことにより、はじめて人格を高め、それを維持することができるようになるわけです。

ところが一般には、人間のあるべき姿などは一度学べば十分だと思ってしまい、繰り返し学ぼうとはしないものです。しかし、スポーツマンが毎日肉体を鍛錬しなければ、その素晴らしい肉体を維持することができないように、心も手入れを怠れば、あっというまに元の木阿弥《もくあみ》になってしまうものなのです。ですから、あるべき人間の姿を示した素晴らしい哲学を常に自分の理性に問い、人格のレベルを高く維持するように努力し続けなければならないのです。

また、そのためには自分の行いを日々振り返り、反省することも大切です。学んできた、人間のあるべき姿に反したことを行っていないかどうか、厳しく自分に問い、日々反省をしていく。そうすることによって、人格を維持することができるようになるのです。

人格を高め、それを維持するためには、繰り返し繰り返し、素晴らしい哲学を学ぶと同時に、自らのあり方を日々反省する。これが、西郷のいう「人は第一の宝にして、己れその人に成るの心懸け肝要なり」ということなのです。

心のあり方、考え方の大切さを表した「人生の方程式」

私は、心のあり方、考え方が、人生においていかに大切かということを、社員によく理解してもらいたいがために、次のような「人生の方程式」というものを考えました。

人生・仕事の結果＝考え方×熱意×能力

これは、人生や仕事の結果というものは、「考え方」「熱意」「能力」という三つの要素の掛け算で決まってくるというシンプルな方程式です。和ではなく積でかかってきますから、結果が倍数で変化することになります。

数値化できるとすれば、能力と熱意は「〇点」から「一〇〇点」まであります。たとえば、良い学校を出て優秀な成績で卒業した人がいます。能力は人並み以上です。それを八〇点としましょう。ところがその人は頭がいいことを鼻にかけ、真面目に一生懸命に努力しようとしません。熱意を三〇点とします。八〇点×三〇点で二四〇〇点です。

一方には、一流大学を出たわけではなく、成績が良かったわけでもない人がいます。能力は並の六〇点ぐらいだけれども、それを補おうと一生懸命に八〇点の努力をします。六〇点×八〇点で四八〇〇点です。優秀だけれども努力を怠った人に比べて二倍の結果を生むのです。私は、人生や仕事の結果とはそういうものだと思うのです。それゆえに、私は誰にも負けない努力が大切だと信じ、それを信念として生きてきました。

そして、何よりも大切なのが考え方です。考え方とは人が生きる姿勢であり、哲学、思想、理念、信念、あるいは人間の志、心がけといってもよいでしょう。先の例でいえば、人格を形づくるもののことです。

肝心なのは、この考え方はマイナス一〇〇点からプラス一〇〇点まであるということです。つまり、方程式は掛け算ですから、どんなに才能があっても、どんなに努力をしたとしても、その人の考え方次第で人生や仕事の結果は、大きなマイナスにもなってしまうのです。

良い考え方とは何でしょうか。思いつく限り、言葉を挙げてみましょう。前向き、建設的、協調性がある、明るい、肯定的、善意に満ちている、思いやりがある、優しい、真面目、正直、努力家、利己的でなく、強欲ではない、足ることを知り、感謝の心を持っている。

悪い考え方はその逆です。後ろ向き、否定的、協調性がない、暗い、悪意に満ちている、意地が悪い、他人を陥れようとする、不真面目、うそつき、傲慢《ごうまん》、怠け者、利己的、強欲、不平不満ばかりをいい、人を恨《うら》み、人を妬《ねた》む。

これらの良い考え方を持つのか、悪い考え方を持つのか。人生や仕事の結果というのは、その人が持っている心の様相、考え方により、大きく変わってしまうのです。西郷のいう「その人に非ざれば行われ難し」とは、まさにそれを意味しているのだと思います。

どの分野、どの世界にも、能力が高く熱意がみなぎっている人はたくさんいるものです。しかし、善き心、真っ直ぐな考え方を備えている人となると、そうそういるわけではありません。西郷がひたすら人間を説くのも、私が人生の方程式の三つの要素のうち考え方を真っ先に置いているのも、正しい考え方を持つことが一番大切であり、また、一番難しいからです。

たとえば、中小企業の経営者の皆さんとお話をしていると、「金持ちになって贅沢がしたい」と、率直に話す方もいます。そんなとき、私は、

「金持ちになりたいのなら、何が何でも金持ちになってやると、それこそ死に物狂いに強く思いなさい。そして誰にも負けない努力を払いなさい」

というのです。人生方程式でいう熱意です。

肝心なのは、その先です。能力を磨き、熱意をもって努力した結果、金持ちになったとします。ところが、その人の考え方が「金持ちになって贅沢をしたい」というままで、他を思いやったり、謙虚さを身につけたりすることがなかったとしたら、遠からず、転落の憂《う》き目に遭うことでしょう。逆に、目標に向けて努力する過程で、考え方を高め、人間性を磨いていったとしたら、もっと大きな成功をつかむことができるかもしれません。

これは、懸命に生きてきた七十年余りの私の人生を振り返り、「確かにそうだった」と、今、しみじみ思うことです。

一八七七（明治一〇）年、西南戦争の直後に、福沢諭吉は西郷を擁護する「丁丑公論《ていちゅうこうろん》」という文章をまとめました。その原稿の結びには、「西郷は天下の人物なり。日本狭しといえども、国法厳なりといえども、あに一人を容《い》るるに余地なからんや」と記し、当時の政府を批判するとともに、西郷という稀代《きだい》の人物を失ったことを心から嘆いています。

「丁丑公論」は、西郷が復権した後の一九〇一（明治三四）年になって、ようやく新聞紙上に掲載されましたが、福沢はその連載の途中で亡くなっています。

この福沢は晩年、実業界に星雲の志を抱いて巣立とうとする慶應の学生たちに向かって、次のように理想の経済人の姿を語りました。

「思想の深淵《しんえん》なるは哲学者の如くにして、心術の高尚正直なるは元禄武士の如くにして、これに加うるに小俗吏《ぞくり》の才をもってし、さらにこれに加うるに土百姓の身体をもってして、はじめて実業社会の大人たるべし」

つまり、考え方は哲学者のように深遠で、心の様は赤穂浪士のように高邁で、それでいながら木っ端《こっぱ》役人の持つような小賢《こざか》しさや百姓のような頑健さも持ち合わせなければ、実業界の大立て者にはなれないと説いたのです。

これも、先ほどの「人生の方程式」とまったく同じことです。人間にとって最も大切なものは、やはりその考え方と心の有様であり、つまるところ人格を高めることなのです。西郷はこういっています。

【遺訓二三条】

学に志す者、規模《きぼ》を宏大《こうだい》にせずばあるべからず。さりとて唯ここにのみ偏倚《へんい》すれば、或は身を修するに疎《おろそか》に成り行くゆえ、終始己れに克《か》ちて身を修する也。規模を宏大にして己れに克ち、男子は人を容《い》れ、人に容れられては済まぬものと思えよと、古語を書いて授けらる。

恢宏其志気者　人之患　莫大乎自私自吝　安於卑俗　而不以古人自期

古人を期するの意を請問《せいもん》せしに、堯舜《ぎょうしゅん》を以て手本とし、孔夫子《こうふうし》を教師とせよとぞ。

（訳）

学問を志し、知を深めようとする者は、その知識の規模を大きくしなければならない。しかし、ただそのことのみに偏《へだた》ってしまうと身を修めることがおろそかになっていくから、常に自分に打ち克って修養することが大事である。知識の規模、範囲を大きくして、同時に自分に打ち克ち人間を高めることに努めよ。男というものは、人を自分の心のうちにすっぽり呑み込んでしまうくらいの度量が必要で、人から呑まれてしまってはダメであると思えよといわれて、昔の人の訓えを書いて与えられた。

其の志気を恢宏《かいこう》する者は、人の患《うれい》は自私自吝《じしじりん》、卑俗《ひぞく》に安んじて古人をもって自ら期せざるより大なるはなし

（物事を成そうとする意気を押し広めようとする者にとって、もっとも憂えるべきことは自己のことをのみはかり、けちで低俗な生活に安んじ、昔の人を手本として、自分からそうなろうと修行をしようとしないことだ）

古人を期するというのはどういうことですかと尋ねたところ、堯と舜（共に古代中国の偉大な帝王）をもって手本とし、孔子（中国第一の聖人）を教師として勉強せよと教えられた。

私は、「経営はトップの器で決まる」ということをかねてからいってきました。いくら会社を立派にしていこうと思っても、その経営者の人間性、いわば人としての器の大きさにしか企業はならないものなのです。

たとえば、小さな企業の経営で成功を収めた経営者が、企業が発展し、その規模が大きくなるにつれ、経営の舵取《かじと》りがうまくとれなくなってしまい、会社をつぶしてしまうということがあります。それは、組織が大きくなっていくにつれ、その経営者が自分の器を大きくすることができなかったからです。企業を発展させていこうとするなら、経営の知識やスキルのみならず、経営者としての器、言い換えれば、自分の人間性、哲学、考え方、人格というものを、絶えず向上させていくよう、努力をしていくことが求められるのです。

かくいう私も、若い頃から、経営トップとしてふさわしい器を備えていたわけでは決してありません。若い頃は、未熟な面も多々ありました。しかし、そのことを自分でもよく理解し、少しでも成長できるよう、日々懸命に努力を続けていました。

ある経営者の方からお聞きしたことですが、二〇年以上も前に私は、自分の人生を「理念を高め続ける日々」と話していたそうです。その方は、私が経営の技術を高めるというのではなく、経営にあたる理念、考え方、哲学を高め続ける日々を送っていると話したことに、いたく感動されたとのことでした。

そういえば、私は若いときから、哲学や宗教関連の本を枕元に何十冊と積み、夜寝る前に少しでもひもとくよう心がけていました。たとえ、どんなに遅く帰ったとしても、一頁でも二頁でも頁を繰る。若い頃からそういう日々を送っていたために、「理念を高め続ける日々」と、不遜にも自分の半生を総括したのだろうと思います。

しかし、多くの経営者が、そのようなことに努めてこられたはずです。たとえば、松下電器産業グループを創業した松下幸之助氏、また本田技研工業を創業した本田宗一郎氏が、まさにそうではなかったかと思います。

京セラが、順調に成長発展を重ね、やがて上場を視野に入れ始めた、三〇年以上も前のことです。京セラは未だ中小企業でしたが、身のほども知らず、ある日本を代表する大手銀行の頭取にお目にかかり、その銀行の経営理念、あるいは経営姿勢というものをお聞きし、それで取引を開始するかどうかを決めようとしたことがありました。

そのとき、私は、松下幸之助さんの著作を日頃よく読み、尊敬も申し上げていることをお話しし、私自身もそのような生き方をし、そのような姿勢で経営にあたりたいと、自らの考えをお話ししました。

その頭取は、若い頃から松下幸之助さんをよくご存知の方でしたので、てっきり相槌《あいづち》を打っていただけるものと思っていたところ、私に向かって、「松下幸之助さんも若い頃には、ヤンチャなところもあった。あなたみたいに若いくせに老成したようなことをいうのはいかがなものか」と、私をたしなめられるのです。

その頭取の言葉を聞き、私はその銀行と取引をしないことにしました。人間ですから若い頃には、至らないところなど多々あるはずです。しかし、それでも自分の人間性を向上させようとしているかどうかが大切ではないだろうかと思い、そのようなことを理解されようとしない頭取が経営する銀行とは取引したくなかったのです。

その後、私は実際に、晩年を迎えていた松下幸之助氏にお会いし、対談をさせていただいたことがあります。やはり、素晴らしい人格と識見を兼ね備えた、まさに不世出の経営者でいらっしゃいました。一生涯をかけて、自分の器を大きくすることに努められたのでしょう。また、その結果として、松下電器産業も世界有数のエレクトロニクス企業に成長発展していったのです。

本田宗一郎さんもしかりです。本田宗一郎さんは、一介の自動車修理工場の経営者から身を立てた方で、若い頃は随分荒々しかったとお聞きしていました。現場でいい加減なことをしようものなら、すぐに鉄拳《てっけん》やスパナが飛んできたといわれています。またご自身でも、「遊びたいから仕事をするんだ」と公言してはばからず、毎晩のように芸者をあげて、どんちゃん騒ぎをしておられたといいます。

私は、そんな本田宗一郎さんが功成り名を遂《と》げられた、晩年にお会いしたことがあります。本田宗一郎さんをはじめ幾人かの経営者の方々とともに、スウェーデンの王立科学技術アカデミーの海外特別会員に選出され、その関連行事のためにスウェーデンへ招待を受けたときのことでした。

一週間くらい、本田さんたちとご一緒に、スウェーデン各地をめぐり、寝食をともにするなかで、改めて本田さんが素晴らしい人格の持ち主であることを実感いたしました。若い頃のエピソードが信じられないくらい柔和で謙虚で思いやりに溢れ、まさに人格者でいらっしゃいました。本田さんがそのように人格を高められたがゆえに、本田技研工業が、世界に冠たる自動車メーカーにまで成長発展することができたのだと私は思います。

私は、このように、経営者の人格と企業の業績がパラレルになるということを、「心を高める、経営を伸ばす」という言葉で表現しています。これは、まさに経営の真髄《しんずい》ともいうべきことです。経営を伸ばしたいと思うならば、まずは経営者である、自分自身の心を高めることが先決であり、そうすれば業績は必ずついてくるのです。

この心を高めることを怠ったがために、いったん大成功を収めた経営者であっても、没落してしまうのです。ビジネスで成功し、当初は立派そうにみえた人でも、早い人で一〇年、遅い人でも三〇年も経てば、衰退の道をたどり始める。それは、当初仕事に打ち込み、一時的に人格も高めることができたとしても、事業を成功させた後に、いつのまにか謙虚さを忘れ、努力を怠るようになり、その人格を高く維持していくことができなかったからです。

もともと立派な考え方、立派な人格を持った人がいるわけではありません。人間は一生を生きていくなかで、自らの意志と努力で素晴らしい人格を身につけていくのです。特に多くの従業員を雇用し、その人生を預かっている経営者は、より大きな責任を負っているはずです。生涯をかけ、弛《たゆ》まぬ研鑽《けんさん》の日々を送り、人格を高め続けることが、経営者として身を立てた者の務めであるはずです。

知識を見識へ、見識から胆識《たんしき》へ

【遺訓四一条】

身を修し己れを正して、君子の体《たい》を具《そな》うる共、処分の出来ぬ人ならば、木偶人《もくぐうじん》も同然なり。譬《たと》えば数十人の客不意に入り来たらんに、仮令《たとえ》何程饗応《きょうおう》したく思う共、兼て器具調度の備えなければ、唯心配するのみにて、取賄《とりまかな》うべき様ある間敷《まじき》ぞ。常に備えあれば、幾人なり共、数に応じて賄《まかな》わるる也。それ故平日の用意は肝腎《かんじん》ぞとて、古語を書いて賜《たまわ》りき。

文非鉛槧也　必有処事之才　武非剣楯也　必有料敵之智　才智之所在一焉而巳

（宋、陳龍川、酌古論序文）

（訳）

自分の行いを修め、心を正して君子らしい形をそなえていても、いざというときにあたって、それに対処のできない人は、ちょうど木で作った人形も同じことである。たとえば数十人のお客がにわかにおしかけて来た場合、どんなにもてなそうと思っても、かねて器物や道具の準備ができていなければ、ただおろおろと心配するだけで、接待のしようもないであろう。いつも道具の準備があれば、たとえ何人であろうとも、数に応じて接待することができるのである。だから、かねての用意こそ何よりも大事なことであると古語を書いてくださった。

文は鉛槧《えんざん》に非ざるなり。必ず事を処するの才あり。武は剣楯《けんじゅん》に非ざるなり。必ず敵をはかるの智あり。才智の在るところ一のみ。

（註　学問というものはただ文筆の業のことをいうのではない。必ず事に当たってこれをさばくことのできる才能のあることである。武道というものは剣や楯をうまく使いこなすことをいうのではない。必ず敵を知ってこれに処する知恵のあることである。才能と知恵をともに持ち合わせていなければならない）

私たちが理想としてめざす、「君子」と呼ばれるような人は、どんな不測の事態にも臨機応変に対処し、実行することができなければならない、と西郷はいいます。

つまり、身を修め、素晴らしい見識を持つとともに、その見識を実行するときに、それを応用して、どんな局面においても実行できる、しっかりとした準備をしていなければならないということを、数十人の不意の来客への接待という例を挙げて、西郷は述べているものと私は理解します。

私は、東洋哲学の大家として知られる安岡正篤《まさひろ》さん（一八九八～一九八三）の著書から、「知識」「見識」「胆識《たんしき》」ということを教わりました。

人間は生きていくために、いろいろな知識を身に付ける必要があります。しかし、そのような知識を持つだけでは、実際にはほとんど役に立ちません。知識を「こうしなければならない」という信念にまで高めることで、「見識」にしなければいけないのです。しかし、それでもまだ不十分です。さらに、その見識を何があろうが絶対に実行するという、強い決意に裏打ちされた、何事にも動じない「胆識」にまで高めることが必要なのです。

私は、その胆識をもたらすものは、勇気だと考えています。

万難《ばんなん》を排し何としてもやり抜くという勇気がなければ、どんな知識も役立つことはありません。しかし、多くの人が、こうした方がいいと知っていても、それを実行することをためらうのは、そのような勇気がないからです。では、なぜ、多くの人がそのような勇気を奮い起こすことができないのでしょうか。それは「自分」を大事にしようとするからです。

「人から誹《そし》られはしないだろうか」「人から嫌われはしないだろうか」などと考え、自分を守ろうとすることで実行できないのです。自分を大事にしようとする、そんな気持ちを放り出してしまい、「馬鹿にされようが、軽蔑《けいべつ》されようが何とも構わない」となれば、どんな困難なことでも必ず実行できるはずなのです。

「論語読みの論語知らず」ということがよくいわれます。誰しも、先賢《せんけん》の教えを聞いたことがあるし、本を読んだこともある。いわれれば、「ああ、それなら知っています」と答える。しかし、それはただ知っているだけで、見識となり、さらには真の勇気を身につけ、実行できるようになっていなければ何にもなりません。

この点、西郷は遺訓五条で「幾たびか辛酸《しんさん》を歴《へ》て志始めて堅し」と述べたように、たび重なる辛酸を克服していくなかで、その思想は、まさに胆識となり、信念となっていったのです。

第十章

立志

すべては「思う」ことから始まる

西郷が最も厳しく戒めたことは、人が自分自身を高めていこうという「志」を捨て、努力をする前に諦《あきら》めてしまう心の弱さでした。楽な方、安易な方に流されるままに生きようとする人間の甘えを、「卑怯《ひきょう》」という言葉を使って叱《しか》りました。

【遺訓三六条】

聖賢に成らんと欲する志無く、古人の事跡《じせき》を見、迚《とて》も企て及ばぬと云う様なる心ならば、戦に臨みて逃ぐるより猶卑怯《なおひきょう》なり。朱子も白刃《はくじん》を見て逃ぐる者はどうもならぬと云われたり。誠意を以て聖賢の書を読み、その処分せられたる心を身に体し心に験する修行致さず、唯か様《よう》の言か様《よう》の事と云うのみを知りたるとも、何の詮《せん》なきもの也。予今日人の論を聞くに、何程尤《もっと》もに論ずるとも、処分に心行き渡らず、唯口舌《くぜつ》の上のみならば、少しも感ずる心これなし。真にその処分ある人を見れば、実に感じ入る也。聖賢の書を空しく読むのみならば、譬《たと》えば人の劍術《けんじゅつ》を傍観するも同じにて、少しも自分に得心《とくしん》出来ず。自分に得心出来ずば、万一立ち合えと申されし時逃ぐるより外《ほか》ある間敷《まじき》也。

（訳）

聖人賢士（知徳の優れた人、賢明な人）になろうとする志がなく、昔の人の行われた史実をみて、自分などとうてい企て及ぶことはできないというような心であったら、戦いに臨んで逃げるよりなお卑怯《ひきょう》なことだ。朱子は刀の抜き身を見て逃げる者はどうしようもないといわれた。真心をもって聖人賢士の書を読み、その一生をかけて行い通された精神を、心身に体験するような修行をしないで、ただこのような言葉をいわれ、このような事業をされたということを知るばかりでは何の役にも立たぬ。自分は今、人のいうことを聞くに、何程もっともらしく議論しようとも、その行いに精神が行き渡らず、ただ口先だけのことであったら少しも感心しない。本当にその行いのできた人を見れば、実に立派だと感じ入るのである。聖人賢士の書をただうわべだけ読むのであったら、ちょうど他人の剣術をそばから見るのと同じで、少しも自分に納得のいくはずがない。自分に納得ができなければ、万一試合をしようと人からいわれたとき、逃げるよりほかないであろう。

前章でも述べたように、先賢の高邁《こうまい》な知識をどんなに学んでも、経営論や技術論をいくら習っても、道を究《きわ》めようという強い信念、高い志、勇気をもって臨まなければ、身に心に深く刻み込まれることはありません。いざ実践しようというときに役に立たないのです。目標までの長い道のりを前にして呆然と立ち尽くし、「自分にはとても無理だ」と諦めて前進を止めてしまうのは、甘えであり、逃げであり、卑怯者《ひきょうもの》のすることだと西郷はいいます。

どんなことでも、まず強く「思う」ことからすべてが始まるのです。「そうありたい」「こうなりたい」という目標を高く掲げて強く思う。それも、潜在意識に浸透するほど強く持続した願望でなければなりません。寝ても覚めても途切れることのないくらい、強いものであってはじめて、先人の教えを実践の場で生かすことができるのです。

その道は、茨《いばら》の道かもしれません。苦しいことの連続かもしれません。こんなに辛い目に遭ってまで、どうして「高み」をめざさなければいけないのかと迷い悩むかもしれません。

しかし、固い志に拠《よ》って立つ人は、目標へと続く道筋が眼前から消え去ることは決してありません。たとえ途中でつまずいてもくじけても、また立ち上がって前へ前へと進むことができます。逆に、志なき人の前には、いかなる道も開かれることはありません。

幕末の薩摩の地に生まれ、薩摩の土に帰った西郷と、昭和に入って鹿児島に生まれ育った私とは時代は異なりますが、同じ故郷の風土や文化のなかでともに学んだ教えがあります。

それは、鹿児島に古くから伝わる、「島津いろは歌」という四七首の歌で、次のような一節から始まります。

いにしへの　道を聞きても　唱へても
わか行ひに　せずば甲斐なし

「先人の教えを聞き、その言葉を暗唱しても、それを実践することができなければ意味がないんだよ」

薩摩の子どもたちは、郷中教育の一環として四七首を暗唱させられましたから、西郷もこの歌を諳《そらん》じていたことでしょう。私の子ども時代にもその伝統が引き継がれていました。幼い頃に大人たちから教わった人の道を西郷は生涯忘れることがなかった。また歌にあるように、その実践を常にはかっていたはずです。その真髄が、この遺訓三六条に染《し》み込んでいます。

志を立てて、道を踏む。それは容易なことではありません。けれども、その困難を楽しめと西郷はいいます。

誠の道を踏み行えば角が立つ

【遺訓二九条】

道を行う者は、固《もと》より困厄《こんやく》に逢うものなれば、如何なる艱難《かんなん》の地に立つとも、事の成否身の死生抔《など》に、少しも関係せぬもの也。事には上手下手あり、物には出来る人出来ざる人あるより、自然心を動かす人もあれ共、人は道を行うものゆえ、道を踏むには上手下手もなく、出来ざる人もなし。故に只管《ひたすら》道を行い道を楽しみ、若《も》し艱難に逢うてこれを凌《しの》がんとならば、弥々《いよいよ》道を行い道を楽しむべし。予《よ》壮年より艱難と云ふ艱難に罹《かか》りしゆえ、今はどんな事に出会う共、動揺は致すまじ。それだけは仕合わせ也。

（訳）

正道を踏み、行う者はどうしても困難な苦しいことに遭うものだから、どんな難しい場面に立っても、その事が成功するとか失敗するとかということや、自分が生きるか死ぬかというようなことを少しも心配する必要はない。物事をなすには上手下手があり、物事によってはよくできる人やあまりできない人も自ずからあるので、道を行うことに不安を持ち動揺する人もあろうが、人は正道を実行しなければならぬものだから、道を行うという点では上手下手もなく、できない人もない。だからただひたすらに正道を踏み行い正道を楽しみ、もし困難なことに遭遇して、それを乗り切ろうと思うならば、結果がどうなろうとも、淡々としてさらに正道を行い正道を楽しもうと思わなければならぬ。自分は若い時から困難という困難に遭って来たので、今はどんなことに出会っても心が動揺するようなことはないだろう。それだけは実にしあわせだ。

正道、つまり正しいことを行う者は、どうしても困難で苦しいことに遭う。それだけに、どんな難しい局面に立っても、そのことが成功するか失敗するかということや、自分が生きるか死ぬかということにも少しもこだわってはならないと、西郷はいいます。

正道、つまり天道に従って生きていくということは、言い換えれば、ご都合主義で生きないということです。相手がこういうことをいったから迎合するとか、こうすればうまく世渡りができるからと妥協することではありません。また、かわいそうだからとか、お世話になったからとかで、情にほだされることでもありません。たとえば、親兄弟からこうしてくれないかと懇願《こんがん》されても、自分が信じる道と異なれば、「それはできない」と、敢然と突っぱねることです。

そのように頑《かたく》なに正道を貫けば、「人でなし」といわれたり、思わぬ困難に遭遇したりすることもあるでしょう。そのようなとき、正しい道をとることに疑いを持つ人も出てきます。また、そのような正道をとることで、果たしてうまくいくのだろうか、成功するのだろうかと動揺し、危惧《きぐ》するようにもなります。

ところが、「そんな心配はいらない」と、西郷はいっているのです。それどころか、自分が正しいと思う道を踏み行っていくのだから、事がどうなろうとも、一生懸命に道を踏み行っていることを楽しむくらいの境地にならなければ、正道を貫き通すことはできないというのです。いくら逆境に立たされようとも、その逆境を楽しむような気持ちになろうではないか。そうでなければ、正道を踏み行っていくことはできない。そう西郷は断言するのです。

しかし、これを聞いた庄内藩の若者たちはすぐには納得をしません。自分では正しいと思って判断したことに対して、結果が吉と出るのか凶と出るのか、成功するのか失敗するのか、そのことに一喜一憂して心配するのではなく、正しい道を踏み行っていくこと自体を楽しむような境地になろうではないか、そう説く西郷に、「それは難しいことだなあ」という顔をしていたのでしょう。

そこで西郷は、自分自身も若い頃から困難という困難に遭ってきたのだと話すのです。月照との入水《じゅすい》、三度に渡る島流し、そして生死を賭けた戦争に従軍するなど、困難という困難に遭遇してきたが、その中でも正道を貫き通してきた。そうすることで、もはや心が動揺することはなくなり達観することができていると自分の経験を話して、若者たちを諭したのだろうと思います。

「幾たびか辛酸を歴て志始めて堅し」という漢詩に込められた西郷の壮絶な人生が、ここにも顔を出すわけです。

世の中の多くがご都合主義、あるいは自分の利害得失で生きているなかで、真面目に、原理原則を貫いて生きていこうと思えば、いろいろと困難に遭遇してしまう。しかし、正道を実行する人が困難に遭遇するのは当然のことだ。だからこそ、困難を楽しむくらいの境地にならなければ、正道を実践し続けることはできない、と堂々ということができる。それは、西郷が人間を熟知していたからかもしれません。正道を踏んで、困難にばかり遭遇して苦労ばかり重ねているよりは、ご都合主義で生きた方が得ではないかと、苦しければ苦しいほど思ってしまう、そんな人間の弱さをよく知っていた西郷は、だからこそ、その苦難を楽しむ境地にならなければ、正道を踏み行っていくことなど、とてもできないといいたかったのだと思うのです。

また、「事には上手下手あり、物には出来る人出来ざる人ある」とは、本来、正道を貫くには、「上手下手」や「出来る出来ない」ということはないはずなのですが、人間は困難に遭遇すると、すぐに「もっとうまくやる方法はないものか」と方法論に走り、ついつい楽な道を探ってしまうものです。そういう安易なことをしてはならない、と西郷はいいたいのでしょう。

それは、「正道を踏むことで、必ず報《むく》われる」ということを、西郷が信じていたからに違いありません。また、西郷は、正道を踏むということを「人生の王道」と考え、さらには、それが万人のつとめだと考えていたからだと私は考えています。

みんなが正道を踏まなければならない

【遺訓二八条】

道を行うには尊卑貴賤《そんぴきせん》の差別なし。摘《つま》んで言えば、堯舜《ぎょうしゅん》は天下に王として万機の政事を執《と》り給《たま》え共、その職とする所は教師也。孔夫子《こうふうし》は魯《ろ》国を始め、何方《いずかた》へも用いられず、屢々《しばしば》困厄《こんやく》に逢い、匹夫《ひっぷ》にて世を終え給いしか共、三千の徒《と》皆道を行いし也。

（訳）

正道を行うことに身分の尊《とうと》いとか卑《いや》しいとかの区別はなく、誰でも行わねばならないことだ。要するに昔、中国の堯、舜は国王として国の政《まつりごと》を行っていたが、もともとその職業は教師であった。孔子先生は魯の国をはじめどこの国にも用いられず何度も困難な苦しい目に遭われ、身分の低いままに一生を終えられたが、三千人といわれるその子弟は皆その教えに従って道を行ったのである。

正道を踏み行うことに、身分の貴賤はない、等しくみんなが実行しなければならないものであり、みんなが実行すれば、社会はもっと豊かで素晴らしいものになる。西郷の嘆きが聞こえてきそうです。

幕末の激動を生き抜き、明治という新しい時代の幕開けに尽力した志士たちは、西郷だけではなく、みんな当初は正道を唱え、正道に基づき行動していたはずです。

ところが明治になり、新政府の要職を得ると、豹変《ひょうへん》してしまうのです。いわゆる鹿鳴館時代を迎え、ちょんまげを切り、華美な洋服をまとい、夜な夜なダンスに明け暮れる。豪壮な邸宅に住み、さらに自分自身の栄耀栄華、栄達の道を競い合った。

明治維新後、わずか四、五年でそういうことになってしまった。

文明開化に明け暮れる軽薄な輩《やから》が次から次へと出てくるし、正道などというものは時代遅れになっていこうとしていた。そうした傾向に対して、そうであってはならないのだと、西郷は一人敢然と警鐘を鳴らしたのです。

この西郷の嘆きは、軽佻浮薄《けいちょうふはく》に流れ、「志」という言葉すら死語になりかかっている現代にこそ、痛烈に響きわたるものであろうと思います。

現代が、「正道」を実践できないのは、「正道とはなんぞや」ということが、もはや分からなくなってしまっているせいかもしれません。

「正道」とは、人間の小賢しい考えが入っていない、いわゆる天の摂理《せつり》のことです。表現するとすれば、正義、公平、公正、誠実、謙虚、勇気、努力、博愛、そして西郷がいう無私というような、人間が生きていくにあたり規範となるべき、基本的な徳目のことです。または、「うそをつくな、正直であれ、人を騙すな」といった、幼い頃に親や先生から教わった、人間としてやっていいことと悪いことという道徳律のことです。そのようなプリミティブな教えこそが『正道』なのです。

正道というのは、そのようにあまりに単純で簡単なものですから、そんなものは当たり前ではないかと思い、みんな軽視して、実行しようとしないのです。西郷のいう正道を踏み行なうということは、そのような人間としての基本的な教えを守って、人生を生きていこうということです。

「そんな簡単で幼稚なことか」と多くの人がいぶかしげに問います。しかし、両親や先生から子どもの頃に教わった、そのような簡単な教えを完全に守れている人がどれだけいるのでしょうか。自分の人生や仕事を振り返ったとき、そのような規範ではなく、ご都合主義で妥協し、損得勘定で計算していないでしょうか。

先ほども述べたように、企業が小さな「うそ」を発端に次々と崩壊しています。また、政治家や高級官僚、さらには知事や市長のなかにも、「策」を弄《ろう》し、厳しく糾弾《きゅうだん》されている人がいます。

正しいことを勇気をもって貫くべき局面において、「こんなところで勇気を出して正論をいったのでは、自分が不利になるではないか」という打算から、節を曲げてしまう。またば「おまえのように堅苦しいことばかりいっては、みんなが苦労をする。そこを少し理解して、曲げてやれ。気を利かせろ」と周囲に諭され、志を曲げ、信念を引っ込めてしまうわけです。

このようなことが、現在の社会のさまざまな歪みの根底にあります。この社会を少しでも良きものとするためには、私たち一人ひとりが、「正道を踏む」ということの大切さを改めて理解し、その実践を心に刻むことです。そのような基本的な倫理観の確立こそが、法令遵守よりも先にあるべきなのです。

第十一章

精進

一心不乱に働くことによって魂は磨かれる

人生の目的とは何でしょうか。とても難しく哲学的な問いですが、私はこのように考えるのです。

私たち人間は、自分の意志でこの世に生まれてくることを決めたわけではありません。気がついたときには、もうこの世に存在していました。人生をどう生きていくのかということを自分で決めて、生まれ落ちたわけではないのです。

成長し、物心ついて、ようやく人生について考え始めます。しかし、それも医者になりたい、社長になりたい、エンジニアになりたい、先生になりたい、公務員になりたい、政治家になりたいというようなものでしかありません。

そして、社会に出ると多くの人が、立身出世することを人生の目的だと考えます。競争に勝ち抜いて、時には人を押しのけ、蹴落としてでも、金、名声、名誉、権力をつかむ、いわゆる成功者になることが良い人生なのだと考えるようになるのです。

果たして、そうでしょうか。どんなに財産を貯め込んでも、名声を獲得しても、多くの人を従える権勢を誇っても、人生を終え、死を迎える時には、肉体をはじめ形あるものは何一つとして持っていくことはできません。

しかし、すべてが無に帰してしまうわけでもありません。私は、人間が心の最も奥底に持っている、その「魂」だけは、人生の結果として残り、さらには来世まで持ちこすことができると信じています。

ならば、死ぬときにどういう魂になっているのかということが、人の一生の価値を決めるのではないでしょうか。つまり、人生の目的とは、お金儲けや立身出世など、いわゆる成功を収めることではなく、美しい魂をつくることにあり、人生とはそのように魂を磨くために与えられた、ある一定の時間と場所なのだと私は思うのです。

一九九七年、私は京都の南部にある臨済宗妙心寺派の道場、円福寺にて得度《とくど》をさせていただき、仏門に身を置く者となりました。

仏教では、魂を磨き、心を高めた末に人が到達する究極の境地を、「悟《さと》り」といい、その悟りに至るための修行として、「六波羅蜜」を説いています。

それは、六つの修行から成るのですが、その一つに「精進《しょうじん》」があります。

精進とは、真面目に一生懸命に励み勤めることで、現代でいえば「働く」ということです。この働くということは、単に報酬を得るための手段ではありません。仕事に打ち込む、一心不乱に働くということを通して、心、魂、人格がつくられていくという意味では、まさに修行なのです。

生ある限り精進に終わりなし。西郷は常日頃から気を抜かず、集中して際限のない努力を続けよといいます。

【遺訓三三条】

平日道を踏まざる人は、事に臨みて狼狽《ろうばい》し、処分の出来ぬもの也。譬《たと》えば近隣に出火あらんに、平生《へいぜい》処分ある者は動揺せずして、取仕末《とりしまつ》も能《よ》く出来るなり、平日処分なき者は、唯狼狽《ただろうばい》して、なかなか取仕末どころにはこれなきぞ。それも同じにて、平生道を踏み居る者に非《あら》ざれば、事に臨みて策は出来ぬもの也。予先年出陣の日、兵士に向かい、我が備えの整不整を、唯味方の目を以て見ず、敵の心に成りて一つ衝《つ》いて見よ、それは第一の備えぞと申せしとぞ。

（訳）

かねて道義を踏み行わない人は、ある事がらに出会うと、あわてふためき、どうしてよいかわからぬものである。たとえば、近所に火事があった場合、かねてそういう時の心構えのできている人は少しも心を動揺させることなく、てきぱきとこれに対処することができる。しかし、かねてそういう心構えのできていない人は、ただあわてふためき、とてもこれに対処するどころの騒ぎではない。それと同じことで、かねて道義を踏み行っている人でなければ、ある事がらに出会ったとき、立派な対策はできない。自分が先年戦いに出たある日のこと、兵士に向かって自分たちの防備が十分であるかどうか、ただ味方の目ばかりで見ないで、敵の心になってひとつ突いて見よ、これこそ第一の防備であると説いて聞かせたといわれた。

いつもご都合主義で、事にあたって筋を通すこともなく、いい加減に生きていながら、いざというときになって正しい判断、正しい対処をしようとしてもできるはずがありません。西郷はそのことを、火事を例にして教えています。そのように、四六時中、真剣勝負の思いで生きる、それも「精進」ということなのです。

中村天風《てんぷう》（一八七六〜一九六八）という、積極思考の大切さを説いた哲学者がいます。天風師は、西郷が西南戦争で没した前年の生まれで、その生涯をかけて、人間としていかに生きるかを追究した、まさに哲人でした。私は若い頃から、その著書を機会あるごとにひもといてきました。この天風師は、著書『研心抄』で、心のあり方に関連して、「有意注意で生きる」ことを説いています。

有意注意とは、読んで字のごとく、「意をもって意を注ぐ」こと、つまり自ら能動的に、ある対象に集中して意識を向けることです。これに対して、「無意注意」とは、たとえばどこかで音がしたときに反射的に振り向くような、他動的な意識の使い方のことをいいます。

西郷はこの「有意注意」と同様に、迅速にかつ正しく判断するためには、どんな状況にあっても、どんな些細《しさい》なことであっても、漠然と行うのではなく、研《と》ぎ澄まされた鋭い感覚で常に真剣に、気を込めて取り組みなさい。そのように、普段から集中して取り組む鍛錬をしていないと、考える習慣が身についていないから、大きな問題が起こったときに浅くて薄い考えしか出てこない、と諭すのです。

これは、判断を下す立場にある者にとって、とても大切なことです。

たとえば、経営者は、膨大な数の案件を次々に瞬時に判断していかなければなりません。そのためには、すさまじいほどの集中力を発揮し、さらにはその集中を長く持続することが求められます。そのような持続した集中がなければ、正しい経営判断を続け、安定した企業経営を行うことはできないのです。

私の若いときの経験からも、忙しさのあまり、ふっと気が緩んだときなどに、

「こんなものかな」

と簡単に済ませてしまったり、小さな案件だと甘く見て、自分で判断することなく、部下に一任してしまったというようなときが一番危ないのです。後になって、そんないい加減な判断が、大変なトラブルを引き起こすことが往々にしてあります。

たとえば、私の判断を求めて、ある幹部が秘書に打ち合わせの日程を打診したとします。ところが、私も案件が山積みであちこちを飛び回っているものですから、なかなか時間がとれそうもない。そこで、その幹部は、廊下で私とたまたますれ違ったときなどに、

「社長、実は」

と必死の形相で相談を持ちかけてくるのです。私も熱意にほだされて、話を聞いてやり指示を与えるのですが、そういうときに限って判断を誤るケースが多いのです。いくら集

中しているつもりでも、立ち話ではどうしても全神経を集中させることが難しくなってしまうからです。

そういうことが何回かあって、どんなに忙しくしていようが、時間をとって真正面から相談ができるような場をつくり、たとえ一〇分、二〇分という短い時間であっても全力で集中して考えて結論を出すことを、私は宣言したのです。

実際に京セラでは、ある程度の企業規模になるまで、私が会社の一切合切の案件に必ず目を通し、その成否を決断しました。中途半端に部下に丸投げしてしまうようなことは絶対にしませんでした。また、そのような膨大な案件に一つ一つ判断を下しながらも、誤った判断をしたことはほとんどなかったと思います。

それは、若いときから集中することを習い性としてきたことで、私自身の判断力も少しは磨かれていたのかもしれません。しかし、最も良かったことは、私が集中して考え尽くすことを、トップの責任と考えていたことです。

世間では、「良きにはからえ」とばかりに、部下に仕事を一任するのが良い上司だという考えもあるようですが、ただ任せればいいというものではありません。「ふんふん、そうか。では、君に任せるからよろしく」などと大人ぶって、部下を放任しているような上司に限って、真剣に考えたり判断したりすることから逃げていることが多いのではないでしょうか。

また、「もっと大きなスケールで、物事を考えるのが上司の仕事だ」などと、したり顔でいう人もあるようです。しかし、日頃から、どんな小さな案件であろうと、「ど真剣」に考える習慣がついていなければ、西郷のいうように、いざ大きなことを考えようとしても決してできることではないのです。

もちろん、大企業ともなれば、何でもかんでもトップに案件が持ち込まれては、経営者の仕事は行き詰まってしまいます。この案件は、トップに相談するべきなのか、自分で判断して処理すべきなのか、そういう仕分けの判断ができるかどうかで、幹部の力量も分かります。私は相談が持ち込まれたときには、そのような指導もし、幹部の育成もはかっていました。

経営とは
地道な努力の積み重ねの結果

経営というものは、企業買収のように派手で刺激的で、大きな案件ばかりで成立しているわけではありません。むしろ地味で単純な判断の繰り返しです。しかし、そういう地道な努力を積み重ねることなしに、大きな仕事を成し遂げることはできません。

西郷は、こういいます。

【遺訓三二条】

道に志す者は、偉業を貴《とうと》ばぬもの也。司馬温公《しばおんこう》は閨中《けいちゅう》にて語りし言も、人に対して言うべからざる事なしと申されたり。独《ひとり》を慎むの学推《お》して知るべし。人の意表に出て一時の快適《かいてき》を好むは、未熟の事なり、戒《いまし》むべし。

（訳）

正しい道義を踏み行おうとする者は大きな事業を尊ばないのがよい。司馬温公（中国北宋の学者）は寝室の中で妻と語ったことでも、他人に対していえないようなことはないといわれた。独りを慎むということの真意はいかなるものであるか、これによってても分かるであろう。人をあっといわせるようなことをして、その時だけいい気分に浸るのはまだ修行のできていない人のすることで、十分反省するがいい。

人生の旅路には、目的地までひとっ飛びで着けるジェット機のような乗り物はありません。だからといって、夢と現実との隔たりを前にして、ただ焦ってみても始まりません。また、手練手管《てれんてくだ》を駆使し奇策を弄して、付け焼き刃の成功を収めたとしても、地に足の着かない栄華が長く続いたためしはありません。大切なことは正しい道を踏みしめて、一歩一歩前に進むことです。

仕事や人生で高い目標を掲げ、それを実現していくということは、高い石垣をつくりあげていくようなものです。一つ石を積んではまた次の石を積む、というような気の遠くなるような作業が求められるのです。ただ、一人でやれることには限界がありますから、大きな志を実現していくには、多くの人々の力を結集していかなければなりません。そのときに大切になるのが、西郷のいう「正しい道義」なのです。

高邁な志を持って、ひたむきに努力を続ける人の周りには、自然と志を同じくする人が集まってきます。そのようにして末広がりに仲間が増えていくことで、はるかに多くの石が積めるようになります。そうして、やがて当初想像もできなかった偉大な成功を実現することができるのです。

会社の発展もまったく同様です。先に述べたように、大義名分のある理念を確立し、それを全員で共有し、実践していくことで、企業に集う全員のベクトルを合わせ、また総力を結集し、素晴らしい発展を遂げることができるのです。

大きな失敗をしても、くよくよしない

【遺訓二七条】

過《あやま》ちを改むるに、自ら過ったとさえ思い付かば、それにて善し。その事をば棄て顧みず、直ちに一歩踏出すべし。過を悔しく思い、取繕《つくろ》わんとて心配するは、譬《たと》えば茶碗を割り、その欠けを集め合せ見るも同じにて、詮《せん》もなきことせ。

（訳）

過ちを改めるにあたっては、自分から誤ったとさえ思いついたら、それでよい。そのことをさっぱり思いすてて、すぐ一歩前進することだ。過去の過ちを悔しく思い、あれこれと取りつくろおうと心配するのは、たとえば茶わんを割ってそのかけらを集めてみるのも同様で何の役にも立たぬことである。

我々小人は、自らの過ちを認めようとしません。特に、部下など目下から、「これは問題ではありませんか」と指摘されると、間違っていたことが分かっていても、それを認めようとせず、何とかいい張り、いいくるめて通そうとしてしまいます。

勇気をもって自分の過ちを認め、改めていく。「自分が間違っていた。悪かった」といさぎよく反省したあとは、同じことを繰り返すことのないよう注意をして、次の一歩を踏み出していく。間違ったことをいつまでも悔い悩んでいることは、百害あって一利なし、先へ進めばよいと、西郷はいっているわけです。

確かに、一番悪いのは、くよくよと思い悩んで、心労を重ねることです。身体を壊したり、ときに自殺をはかったりするのも、ほとんどはこの心労が原因です。

人生や仕事では、ともすれば、心を悩ませるような、心を痛めるようなことが、絶えず湧き起こってきます。そのようなときに、いつまでも思い煩《わずら》っていては、問題の解決はできないどころか、仕事はさらにうまくいかなくなってしまい、健康も害してしまいます。

悪循環を断ち切らなければなりません。それには、心を痛めるような悩み方をやめることです。この二七条で西郷がいっているのは、夜も眠られないほど深く心配するような大きな過ちのことですが、そのような大失態のときですら、決して思い惑ってはならないと西郷はいうのです。

私は、人生をより良く生きるために、「六つの精進」ということを自分自身でも心がけ、またよく人に話もしてきました。それは次のようなものです。

1．誰にも負けない努力を日々続ける。
2．謙虚にして驕《おご》らず。
3．反省のある毎日を送る。
4．生きていることに感謝する。
5．善行、利他行を積む。
6．感覚・感性を伴うような悩み、心配事はしない。

この六番目の「感覚・感性を伴うような悩み、心配事はしない」とは、まさに西郷がここでいっていることです。

気持ちまで弱ってしまうような、くよくよとした心配をしても何もなりません。人生や仕事で起きる障害や問題に、感情や感性のレベルでとらわれても何も解決しないのです。苦しければ苦しいほど、理性を使うのです。理性をもって、合理的かつ徹底的に解決策を考え尽くし、その解決にひたむきな努力を注いでいくことが大切です。

そして、そこまで合理的に考え尽くし、一生懸命に努力をし、まさに「人事を尽くし」たなら、あとはうまくいくのだろうかなどと余計な心配はせず、ただ成功を信じて「天命を待つ」のです。

たとえその結果がどうなろうと、くよくよと後悔したり悩んだりせず、次の新しいステップに、常に明るく前向きに、夢と希望を抱いて、素直な心で対処していくことが大切です。それが感性的な悩みをしないということです。

「過ったとさえ思い付いたら、それで善い」。これは困難な状況を克服していくにあたって、大切なことであり、誰よりも過酷な人生を生きた、西郷ならではの至言といえるでしょう。

常に自分を反省し、ど真剣に生きる

私には変な習慣があります。

朝、洗面所で鏡の前に立ち自分の顔を見ると、昨日の出来事が走馬灯のように浮かんできます。そして、たとえば前日にちょっと威張ったようなことや調子のいいことをいったりしたのを思い出すと、猛烈な自己嫌悪に陥ってしまい、恥ずかしくなって、

「神様、ごめん！」

と思わず大声でいってしまうのです。たまに、

「お母さん、ごめん」

であったりもします。

「神様、ありがとう」

というときもあります。自分が悪かったことを気づかせてくれて、ありがとうという感謝の気持ちからです。

これが、過去三〇年くらい続く習慣になっています。そのため、いつの頃からか、私が自宅の洗面所にいるときは、家族の誰も入ってこようとしなくなりました。

これが、私流の毎日の反省法でしょうか。若いときから、くよくよなどしている暇など少しもありませんでしたから、反省する気持ちを声に出していうことで、心にしかと戒めを刻みつけたなら、一歩前へ進む。それが自然と習い性になっていったのかもしれません。

この毎日反省をするということは、人間をつくっていくうえでも、本当に大切なことです。

「人間として正しいことなのか」、また「驕り高ぶりはなかったのか」などと自分自身を日々見つめ直すことで、次第に心が磨かれ高まっていくのです。

たった一度しかない価値ある人生です。その貴重な人生に悔いを残さないように、毎日をど真剣に懸命に、また前向きに明るく、反省することを忘れず生きる。

ただひたむきに生きてきた七十有余年の人生を思い返すとき、そのように魂を磨き、心を高めようとしていく、「精進」の日々こそが、人生の目的であり、最も誇らしい生き方なのだと固く信じています

第十二章

希望

乞食《こつじき》の身になることで己を知る

二〇〇五年の霜月（一一月）、縁あって、瀬戸内愛媛の松山市、今治市で托鉢《たくはつ》辻説法をさせていただきました。

私は、墨染《すみぞ》めの僧衣に身を包み、足には草鞋《わらじ》、頭には網代笠《あじろがさ》、首からは僧堂名を記した頭陀袋《ずだぶくろ》を下げ、道後温泉を出発しました。地元の禅寺のご住職など一〇人くらいの方に集まっていただき、全員で並んで読経《どっきょう》した後、いざ出立です。

前夜半から明け方にかけて降った、雹《ひょう》交じりの氷雨《ひさめ》が冷たく濡らす道を、「ほおぉおぉ」という長く、低く唸《うな》るような声を銘々に上げながら、ゆっくりゆっくりと歩いていきます。僧が一人ずつ家々の玄関前に立つのを軒鉢《けんぱつ》といいます。この日は何人もの僧が間隔を空けながら一列になって歩く、いわゆる連鉢《れんぱつ》です。

信徒の方々からのお布施や浄財は、頭陀袋を両の手で高く掲げてありがたく頂戴します。その昔は米や野菜が多かったといい、そのまま仏僧の日々の糧《かて》となりました。

現代では、食を得るという意味合いは薄れましたが、托鉢には禅僧の修行として今も重い意味合いがあります。一つは、僧自らが施しを受ける「乞食《こつじき》」の身になることで、人様からの恵みによって、他によって生かされている己というものを知ることです。

そしてもう一つは、他人に何かを分け与えるということの喜びを世の人々に知ってもらうことです。お布施のことを喜んで捨てると書いて「喜捨《きしゃ》」ともいうのは、そういう意味が込められているのです。

私が得度《とくど》をさせていただいたのは、六五歳のときでした。お釈迦様の教えをもっと深く勉強したいと思っていたところ、後に臨済宗妙心寺派の管長猊下《げいか》までつとめられた、西片《にしかた》擔雪《たんせつ》ご老師から「得度でもしてみますか」と勧められたのがきっかけでした。

その後、しばらくして思い立ち、「お寺で座禅を組むのも大切な修行ですが、多くの人々が迷い苦しんでいるなら、街へ出て、お釈迦様の法を説き、救いの手を差し伸べたいと思うのです」と、生意気にも申し上げたところ、お許しを頂き、各地で托鉢行脚《あんぎゃ》を始めることになりました。今まで、四国以外に、山陰や東北地方をめぐってきました。

托鉢をして軒先を歩き、街角に立って仏の道を説く。その結果、喜捨していただいたお布施は、当地の児童福祉施設に全額を寄付させていただくことにしました。

商店街の片隅にみかん箱ほどの小さな台を置き、その上に立って辻説法を始めますと、行き交う人たちの中には立ち止まって私の話に耳を傾けてくださる方々がいらっしゃいます。二〇人ぐらいが集まってくださる時もありますし、一〇〇人ぐらいになるときもあります。

しかし、ほとんどの道行く人たちは、

「何だか異様な格好をした坊さんがいるなあ」

というような怪訝《けげん》な顔をして、横目で見つつ、足早に通り過ぎていきます。

最近では托鉢というものはめったに見られなくなりましたし、お布施をするという風習も忘れ去られてしまったからかもしれません。実際に、托鉢をするお坊さんを呼び止めてお布施をしてくださる方というのは、それほど多いわけではありません。

しかし、私はそれでもいいと思うのです。

あの日、松山と今治で、私たち禅僧の姿を目にした方は、おそらく数千人にのぼることと思います。「一期一会《いちごいちえ》」「袖《そで》振り合うも多生《たしょう》の縁」といいます。宗教にあまり関心を持たない現代の人たちが、これからの人生のどこかで挫折したり壁にぶつかったりしたとき、何かに救いを求めることがあるでしょう。そのときに、

「ああ、あのとき、あの街ですれ違ったお坊さんが、仏の教えを説いていたな」

と一瞬でも思い出してもらえれば、それだけでも大切な意味があり、それが「仏縁《ぶつえん》をつなぐ」ということでもあると思うのです。

「地獄と極楽は人の心の違いにあり」という老師の教え

西片擔雪ご老師には、若い頃からご指導いただいているのですが、あるとき、次のような話をお聞きしました。

むかし、若い雲水《うんすい》があるご老師に、

「地獄、極楽というものは本当にあるのでしょうか」

と尋ねたというのです。禅宗というのは、来世のことについてほとんど教えないからでしょう。

その雲水は問います。地獄というのは閻魔《えんま》大王や怖い鬼がいて、人が現世で犯した悪業の報いを受ける怖いところだといいます。一方、極楽は大変素晴らしく美しい所だと子供の頃から聞かされてきました。果たして、そんなものが本当にあるのでしょうか。

ご老師はすかさず、

「うむ、確かにある」

と答えます。雲水が、

「どんなところなのですか、地獄と極楽というのは」

と聞きます。すると、ご老師は静かに語り始めたそうです。


——実は、地獄も極楽もちっとも変わらない。少し見ただけでは同じような場所なのだ。けれども、そこに住む人たちの心がまったく違う。

たとえば、おいしい釜揚《かまあ》げうどんが地獄にも、極楽にもある。それぞれ大きな釜があって、お湯がぐつぐつ煮立っている。うどんを湯がいているその大きな鍋の周りを、腹をすかした者たちが一〇人も二〇人も取り巻いている。手にはつけ汁のお椀と一メートルもある長い箸を持っている。ここから先が天国と地獄でまったく違うのだ。

地獄では、みんなが我先に争って箸を突っ込む。何とか、うどんをつかむことはできるのだけれども、箸が一メートルもあるものだから手元のつけ汁のお椀にまで持ってくることができないし、当然食べることもできない。

そうこうするうちに、向こう側にいる者が箸の先に引っ掛かっているうどんを横取りしようとするので、

「それは俺のもんだぞ、食うな」

と怒り、相手を箸で叩き、突く。すると、

「何を、この野郎」

と相手も突き返してくる。

そんなことがそこらじゅうで始まって、うどんは鍋から飛び散ってしまって、誰も一本も食べられずに、殴《なぐ》り合いのけんかが始まってしまい、阿鼻叫喚《あびきょうかん》の絵図と化してしまう、それが地獄なのである。

では、極楽というのはどうなっているのか。極楽にいる者は皆、利他の心、他人を思いやる美しい心を持っている。一メートルの箸でうどんをつかんだら、釜の向こう側の人のつけ汁につけて、

「さあ、あなたからお先にどうぞ」

といって食べさせてあげる。すると、今度は向こう側の人が同じように自分に食べさせてくれる。一本たりともうどんを無駄にすることなく、みんながおなかいっぱいに食べら

れる——。

つまり、地獄と極楽は確かにあるが、それは人の心の有様がそれらを作り出すのだよと、ご老師は若い雲水に話して聞かせたというのです。

実際に、いくら経済的に豊かであっても、もっと儲けたいと欲望を際限なく募らせていては、心が満たされることはなく、決して幸福にはなれないでしょう。一方、裕福ではなくとも、やさしい思いやりの心をもって、希望に満ちて生きている人たちは幸福を感じることができるはずです。やはり人生は、その心の持ち方次第で、地獄にも極楽にもなるのです。

それは、まさにこの社会をも表しています。

家庭、職場、企業、社会、国家、それらは、それぞれを構成する人々の心がいかにあるかによって、その集団の様相はまったく異なるものになってしまいます。そこにすむ人の心が利己心に満ち、自分のことだけを考えているならば荒廃した様を、和やかで思いやりに満ちたものであるならば豊かな様を社会は見せるのです。

そうすれば、集団を構成する一人ひとりの心の有様が問われてくるはずです。

先にも紹介した英国の哲学者ジェームズ・アレンは、その人間の心の様相を庭に例えて、次のように説きました。

「もしあなたが自分の庭に、美しい草花の種を蒔《ま》かなかったなら、そこにはやがて雑草の種が無数に舞い落ち、雑草のみが生い茂ることになります。（中略）私たちも、もしすばらしい人生を生きたいのなら、自分の心の庭を掘り起こし、そこから不純な誤った思いを一掃し、そのあとに清らかな正しい思いを植えつけ、それを育みつづけなくてはなりません」（『「原因」と「結果」の法則』）

私たちは、ついつい自分の心を放置して雑草を繁茂させてしまいます。雑草とは何でしょうか。

人間に与えられた「煩悩《ぼんのう》」のことです。煩悩の根源は、先にも述べたように、万物を貪《むさぼ》り求める「貪欲《どんよく》」、自分に逆らうものを怒り恨む「怒り」、正しい道理を知らず不平不満をいう「愚痴」の三毒です。

人間は何もしなければ、こうした煩悩のおもむくままに生きてしまいます。しかし、その煩悩を抑えさえすれば、人間がもともと持っている、他を思いやる美しい思いやりに満ちた心が現れ、自分のみならず周囲にも素晴らしい世界をつくりあげていくことができるのです。

西郷南洲の教えは心の教え

西郷は晩年、そのような煩悩を断ち切り、静かで高邁な境地に達していました。

「遺韓使節論」が、幼なじみの大久保利通をはじめとする反対派に土壇場でひっくり返され、西郷は一切の官職を辞して故郷の鹿児島に下野します。

その頃、折に触れて語られた話を、後年になって、庄内の弟子たちがまとめたのが、私が心の糧とし、今、本書でひもといている『南洲翁遺訓』です。

それ故に、浮薄に流れる明治新政府や維新後の社会のあり方を鋭く問う内容が少なくないのですが、その中にほかとはまったく趣《おもむき》が異なるものがあります。遺訓四〇条です。

【遺訓四〇条】

翁《おう》に従いて犬を駆《か》り兎を追い、山谷《さんこく》を跋渉《ばっしょう》して終日猟《か》り暮らし、一田家《でんか》に投宿し浴終わりて心神《しんしん》いと爽快に見えさせ給い、悠然として申されけるは、君子の心は常に斷《かく》の如きにこそ有らんと思うなりと。

（訳）

翁に従って犬を走らせ兎を追い、山や谷を渡り歩いて終日狩り暮らした夕暮れに、いなかの家に宿られ、風呂に入って身も心も極めて爽快《そうかい》にうかがわれるとき、ゆったりとしていわれるには「君子の心はいつもこのようにさわやかなものであろうと思う」と。

風呂は五右衛門、酒は焼酎、膳《ぜん》は一汁一菜。それをありがたく味わい、心地よい疲れを癒《いや》しながらゆったりとしている。今日もまた、そうした至福の時を迎えられたことに感謝し、心を鎮《しず》め、また明日も懸命に生きようと気持ちを新たにする。西郷はそのような状態を「君子の心」といったわけです。

忙しく煩雑《はんざつ》な日常を過ごしている私たちも、西郷のように心を鎮めることができます。朝から晩まで働いて、ようやく家に帰り、風呂を浴びてひと息つく。その瞬間、悩みも心配事も全部忘れて「無」の境地に至る。まるで、座禅を組んでいるような心境になる。床に就く前に、そんなわずかな至福の時間を持つことができたとすれば、本当に素晴らしいことだと思います。

もちろん、心を鎮めるということが、そう簡単にできるわけではありません。人間は、少し目をつぶっただけで、雑念妄念《ざつねんもうねん》がいっせいに噴き出してきてしまうような、情けない存在です。それだけに、そんな奔放な人間の心をコントロールするため、やはり鍛錬が必要になるのです。

その点、西郷は辛酸をなめ尽くし、それが鍛錬となり、人間というものができていました。遣韓使節論では己の信念に従って正々堂々と主張しましたが、それが容《い》れられないとなると潔く身を引きました。地位や名誉、俸給などに微塵《みじん》も未練を残しませんでした。

一八七三（明治六）年に鹿児島に帰ると、薩摩の山野をめぐり猪を狩り、田畑を耕す泰《たい》然自若《ぜんじじゃく》の日々を送ります。周りの喧噪《けんそう》をよそに、西郷の心はさざ波一つ立たない水面のように穏やかで、静かに澄み切っていました。一切の雑念を去り、正道を見据えていたのです。

明治新政府に対していうべきことはいいましたが、それは国を思う真っ直ぐな気持ちの発露でした。

鹿児島県の県費で設立した私学校とは別に、西郷が明治政府からもらった賞典禄《しょうてんろく》、今でいう退職金を注ぎ込んで賞典学校をつくり士官を養成したのも、若者の育成が目的でした。またもう一つ、当時日本最強といわれた旧薩摩士族の武力を誤った方向に向かわせないということもあったのでしょう。

しかし、結果的に西郷は薩摩の若者たちの暴発を止めることができませんでした。中央政府の再三にわたる挑発的行為に私学校の生徒が暴発します。政府の火薬庫を襲撃して武器弾薬を奪うという事態を招くのです。

その知らせを聞いた西郷は、

「ちょしもた（しまった）」

と叫び、

「汝《わい》どま、弾薬に何の用があっちゅとか」

と、心底から怒ったといいます。けれども、時代という濁流は西郷に後戻りすることを許しませんでした。明治政府と一戦を交える主戦論が大勢を占めるに至るや、西郷の巨大な「情」が動きました。

「もう何もいうことはなか。おはんたちがその気なら、おいの体は差し上げもそ」

そう覚悟を決めたのです。

一八七七（明治一〇）年二月、西南戦争が勃発します。西郷軍は鹿児島をたって、一路、東京をめざします。明治新政府を討とうというのではなく、あくまでその大義を問い質すことが目的でした。

ところが、倒幕の戦いにおいては機略に富んだ西郷でしたが、西南戦争においてはほとんど戦略らしい戦略を打ち出すこともなく、ただ若者たちについていきました。また、西郷が一声かければ、日本全国から援軍が集まったはずですが、それもしませんでした。

政府軍がこもる熊本城を落とせぬまま、北の防衛線だった田原坂《たばるざか》を大激戦の末に突破されて西郷軍は総崩れになってしまいます。敗走に次ぐ敗走を重ね、ついに鹿児島・城山にまで追い詰められます。

政府軍五万、西郷軍三〇〇〇。九月二四日の総攻撃によって西郷は銃撃を受け、とうとう自刃します。最後の言葉は、介錯《かいしゃく》を頼んだ別府晋介に言った
「晋どん、晋どん、もうここらでよか」

でした。そして、城山から東方、つまり桜島の方角に向かって両の手をつき、その首を

介錯の前に差し伸べたといいます。

そのとき、西郷の心には、恨みや憎しみの情はなかったと思います。銃弾飛び交い、砲声轟く戦いの真っ只中で、西郷の心は穏やかな静寂の中にあったのではないでしょうか。正義と信念と真心に生き、無私を貫いた西郷隆盛の見事な最期でした。

ここに、七カ月にもわたった日本最後の内戦が幕を閉じました。戦死者は西郷軍が六七六五人、政府軍が六四〇三人。壮絶で悲しい戦いでした。

歴史に「もし」はないと知りつつも、それほど多くの崇高な志と魂を持った人々の命を散らせることのない、別の選択肢があったのではないかと悔やまれます。

また、西郷という偉大な存在が、明治という近代国家日本の黎明期《れいめいき》を生き抜いていれば、現代の日本もまた日本人も、もう少し違ったものになっていたのではないかと思えてなりません。

現代にこそ生きる「遺訓」

西郷の激動の生涯を振り返っても、そして私たち自身について考えても、人生というものほど難解なものはありません。運が良い人も悪い人もいます。幸せな人もいれば不幸せな人もいます。私はそのような不可解な人生も、たった二つのことからできあがっていると思うのです。

一つは、その人が持っている「運命」というものです。もう一つは、「因果応報の法則」です。

どんな運命を持って生まれたのかを知らぬままに、私たちは運命の導くままに人生を歩き始めます。思わぬ災難に遭ったり、思わぬ喜びに出合ったり、いろいろな出来事を経験しながら生きていきます。運命に導かれるようにして、生まれてから死ぬまでの間にたどっていく道筋、それを人生の「縦糸」とします。

そして、「横糸」になるのが因果応報の法則です。運命とは宿命ではありません。波瀾万丈の人生の節々で、心に何を思い、何を行うのかによって、運命は大きく変えることができるのです。善因は善果を生み、悪因は悪果を生む。この運命という縦糸に、因果応報という横糸を織り込んでいくことで、人生という一反の布地ができあがるのです。

ならば、よい人生を歩みたいのであれば、運命に打ちひしがれることなく、常に善きことを思い、善きことを行うようにしなければならないはずです。

これは、社会も同様のことかもしれません。

企業の不正や犯罪、さらには思わず目や耳を覆《おお》いたくなるような残酷非道な事件が社会で相次いでいます。どれを取ってみても、つまるところ、人間の悪しき心が生み出したものばかりです。一刻も早く、このような流れに歯止めをかけなければなりません。

現代の乱れた世相を正すことができるとすれば、人の心というものを真剣に見つめ直す以外に道はないと私は信じます。

世相とは、まさに人々の心を映す鏡です。企業や経済の健全な発展も、社会や国の明るい未来も、世界の人々の安寧も、すべては私たち一人ひとりがその心を磨き上げることから始まるのです。

そのとき、我々の心の鏡となるのが、この『南洲翁遺訓』なのです。

本書では、西郷の「遺訓」をもとに、経営者としての経験から、また一人の人間として、七五年間の人生から、私が学んだことをお伝えし、現代を生きる我々に、今一番大切なものは何かということを考えてきました。

本書が、読者の皆さんが「人生の王道」を歩まれるにあたり、その道しるべとして、いささかなりともお役に立てたなら、著者として望外の喜びです。

これからの時代が日本にとって明るい希望に満ちたものになりますように。現代を生きる皆さん一人ひとりが実りある素晴らしい人生を歩まれますように。そして、人類が等しく穏やかで豊かに暮らしていける世界になりますように。心から祈念して、筆を置きたいと思います。

ありがとうございました。合掌

●西郷隆盛 略年譜

一八二七（文政一〇）年
◆一二月七日、鹿児島城下の下加治屋町で父九郎（後に吉兵衛と称す）、母満佐《まさ》の長男として生まれる。幼名は小吉。

一八三三（天保四）年・六歳
◆松本覚兵衛に師事して儒学を学び始める。

一八三九（天保一〇）年・一二歳
◆造士館からの帰途、友人と争い、右ひじを負傷する。武術より学問に励むようになる。

一八四四（弘化元）年・一七歳
◆藩の郡方書役助《こおりかたかきやくたすけ》となり、郡奉行迫田太次右衛門の配下につく。この頃、吉之助と称す。

一八四七（弘化四）年・二〇歳
◆この頃から下加治屋町郷中の二才頭《にせがしら》になる。

一八五〇（嘉永三）年・二三歳
◆この頃、伊藤茂右衛門に陽明学、無参禅師に禅学を学ぶ。

一八五二（嘉永五）年・二五歳
◆伊集院兼寛の姉と結婚。九月、父吉兵衛の死去に伴い家督を相続する。一一月、母満佐死去。

一八五四（安政元）年・二六歳

◆一月、中御小姓を仰せつけられる。二一日、藩主・島津斉彬の参勤に従って江戸に上がる。三月六日江戸着。四月、庭方役を仰せつけられる。水戸の藤田東湖に会い、感銘を受ける。妻、留守中に実家に帰り離婚する。翌年まで善兵衛、のち吉兵衛と改名。

一八五七（安政四）年・三〇歳

◆三年ぶりに帰藩。四月、小姓与に復帰。一〇月、徒目付・鳥預り・庭方兼役となり、再び江戸参勤を命じられる。将軍継嗣問題で周旋を開始。

一八五八（安政五）年・三一歳

◆七月一六日、斉彬が急逝。九月、安政の大獄が始まり、勤皇派の僧侶・月照とともに鹿児島に帰郷。一一月一五日、月照と日向送りの船に乗り、翌一六日、錦江湾に月照と入水、西郷だけが同乗の平野国臣に救助されて蘇生、月照は死去。徒目付・鳥預り・庭方兼役を免ぜられる。一二月、菊池源吾と改名して奄美大島竜郷へ潜居を命じられる。

一八五九（安政六）年・三二歳

◆一月一二日、奄美大島竜郷村で潜居始まる。一一月八日、奄美大島で愛加那《あいかな》と結婚。

一八六〇（文久元）年・三三歳

◆三月三日、桜田門外の変起こる。

一八六二（文久二）年・三四歳

◆二月一二日、鹿児島帰着。同一五日、徒目付・鳥預り・庭方兼役に復職。大島三右衛門へ改名。三月一三日、島津久光から下関待機を命ぜられ、村田新八とともに鹿児島出発。激派鎮撫のため、上京。六月、讒言《ざんげん》により久光の怒りを買い、徳之島に配流。大島吉之助と改称。閏八月、沖永良部島和泊の「囲い」に収容される。

一八六三(文久三)年・三六歳

◆島の子どもたちのために「囲い」の中で塾をひらく。島役人土持政照と義兄弟を契る。

一八六四(元治元)年・三七歳

◆二月二八日、村田とともに鹿児島帰着。三月軍賦役となる。七月一九日、長州兵の京都進出による禁門の変が起こり、藩兵参謀として進撃、撃退する。藩命により、西郷姓に復帰。御側役・代々小番に昇進する。一〇月、征長軍総督徳川慶勝から長州の処方を一任される。一二月、下関で三条実美ら五卿の処遇をはかり征長軍の解兵を提案する。

一八六五(慶応元)年・三八歳

◆一月、岩山八郎太の次女イトと結婚。四月、坂本龍馬を同行して帰国。大番頭・一身家老となる。五月、大久保と計り、長州再征に出兵拒否の藩論をまとめる。一二月、黒田清隆・坂本龍馬を長州へ遣わし薩長連合を計る。

一八六六(慶応二)年・三九歳

◆一月二一日、京都の小松帯刀邸で坂本龍馬立会いの下、木戸孝允と薩長同盟を締結する。九月、大目付・陸軍掛を拝命するが、翌月、大目付は返上する。

一八六七(慶応三)年・四〇歳

◆二月、薩摩・越前・土佐・宇和島四藩の会議を開くことを「国父」久光に建言する。五月、土佐藩の中岡慎太郎・板垣退助らと王政復古を計る。六月、長州藩の山県有朋に倒幕の決意を告げ、薩長連合を誓約する。九月、土佐藩の大政奉還建白書提出論を聞き、薩摩藩の討幕挙兵を告げる。一〇月、薩摩藩邸で薩摩・長州・土佐三藩の挙兵盟約を結び、王政復古断行を決める。一四日、倒幕の密勅が下り、小松・大久保らと連名で請書に著名。一二月九日、王政復古クーデターで諸藩兵を指揮。

一八六八（明治元）年・四一歳

◆一月三日、鳥羽・伏見の戦いで薩兵を指揮。二月一四日、東征大総督の有栖川宮熾仁親王の参謀に任じられる。三月一三日、江戸高輪の薩摩藩邸で勝海舟と会見、江戸の無血開城を実現する。四月一一日、江戸城開城。五月、彰義隊と上野・黒門口で上野戦争が起きるが、これを指揮して撃破する。九月、山形庄内藩に到着。黒田清隆に庄内藩の寛大な処分を指示。一一月、鹿児島に帰る。

一八六九（明治二）年・四二歳

◆一月、藩の役職を辞任し、政府への出仕も辞す。二月、藩主忠義の求めに藩の参政・一代寄合となる。六月一七日、版籍奉還が実行される。九月、正三位に叙せられる。

一八七〇（明治三）年・四三歳

◆一月、参政を辞し相談役となる。五月、正三位の位記返上を許される。七月、相談役から執務役になる。一二月、勅使・岩倉具視、副使・大久保利通が鹿児島の西郷を訪れ、出仕を促す。これに対し、西郷は親兵設置を提案する。

一八七一（明治四）年・四四歳

◆四月、常備兵四大隊を率いて藩主忠義と上京。六月二五日、参議に任じられ、正三位に叙せられる。制度取調会の議長となり官制を審議し、七月一四日、筆頭参議として廃藩置県を断行する。一一月、岩倉具視を特命全権大使とする欧米派遣に伴い、留守中の大蔵省事務監督を承認する。全国の県を改廃、三府七二県となる。

一八七三（明治六）年・四六歳

◆五月一〇日、陸軍大将兼参議となる。六月、朝鮮問題、閣議に上る。出兵に反対し、使節派遣を主張。自ら使節となることを願う。八月一七日、閣議で西郷の朝鮮使節派遣決定。一〇月二三日、岩倉太政大臣代行の上奏で使節派遣中止。西郷、辞表を出す。陸軍大将、参議、近衛都督を辞す。正三位と陸軍大将の辞意は受理されず。一一月、鹿児島着。

一八七四(明治七)年・四七歳

◆六月、鹿児島に銃隊学校、砲隊学校、幼年学校からなる私学校を設立する。

一八七五(明治八)年・四八歳

◆四月、鹿児島郊外に開墾社を設立。

一八七七(明治一〇)年・五〇歳

◆一月、私学校生徒が政府の火薬庫を襲撃。二月、政府による西郷暗殺の陰謀計画の疑いなどで私学校の生徒とともに陸軍大将の資格で政府尋問のため挙兵、熊本城を攻撃。三月、田原坂で政府軍と戦う。以降、人吉、宮崎へ退却を開始する。七月、政府軍、都城を占領。八月、宮崎美々津、延岡和田峠と転戦し、長井村で政府軍に包囲され、陸軍大将の服を焼く。一七日、可愛岳を越え政府軍の包囲を突破し、三田井を経て九月一日、鹿児島に入る。二四日、政府軍の総攻撃を受け、城山岩崎谷で流弾に当たり負傷。別府晋介の介錯で自刃する。

一八八九(明治二二)年

◆明治憲法発布。大赦によって賊名を解かれる。私学校で学んだ元庄内藩中老の菅実秀らが西郷の思想を後世に伝えるため、その言動をまとめた『南洲翁遺訓』を編纂する。

著者略歴

稲盛 和夫（いなもり・かずお）

1932年、鹿児島生まれ。鹿児島大学工学部を卒業。59年、京都セラミツク株式会社（現京セラ）を設立。社長、会長を経て、97年より名誉会長。また、84年に第二電電（現KDDI）を設立、会長に就任。2001年より最高顧問。84年には稲盛財団を設立し、「京都賞」を創設。毎年、人類社会の進歩発展に功績のあった人々を顕彰している。若手経営者が集まる経営塾「盛和塾」の塾長を務める。主な著書に『アメーバ経営』『稲盛和夫の実学』（いずれも日本経済新聞出版社）、『生き方』（サンマーク出版）、『心を高める、経営を伸ばす』『成功への情熱』（いずれもPHP研究所）など。

人生の王道　西郷南洲の教えに学ぶ

二〇〇七年　九　月二五日　第一刷発行
二〇〇七年一一月　八　日　第四刷発行

著者：稲盛和夫
発行者：斎野　亨
発行所：日経ＢＰ社
発売所：日経ＢＰ出版センター
郵便番号　一〇八－八六四六
東京都港区白金一－一七－三　ＮＢＦプラチナタワー
電話　〇三－六八一一－八六五〇（編集）
〇三－六八一一－八二〇〇（販売）
http://ec.nikkeibp.co.jp/

装丁：岩瀬　聡
本文デザイン：内田隆史
製作：クニメディア株式会社
印刷・製本：図書印刷株式会社

ISBN 978-4-8222-4499-6